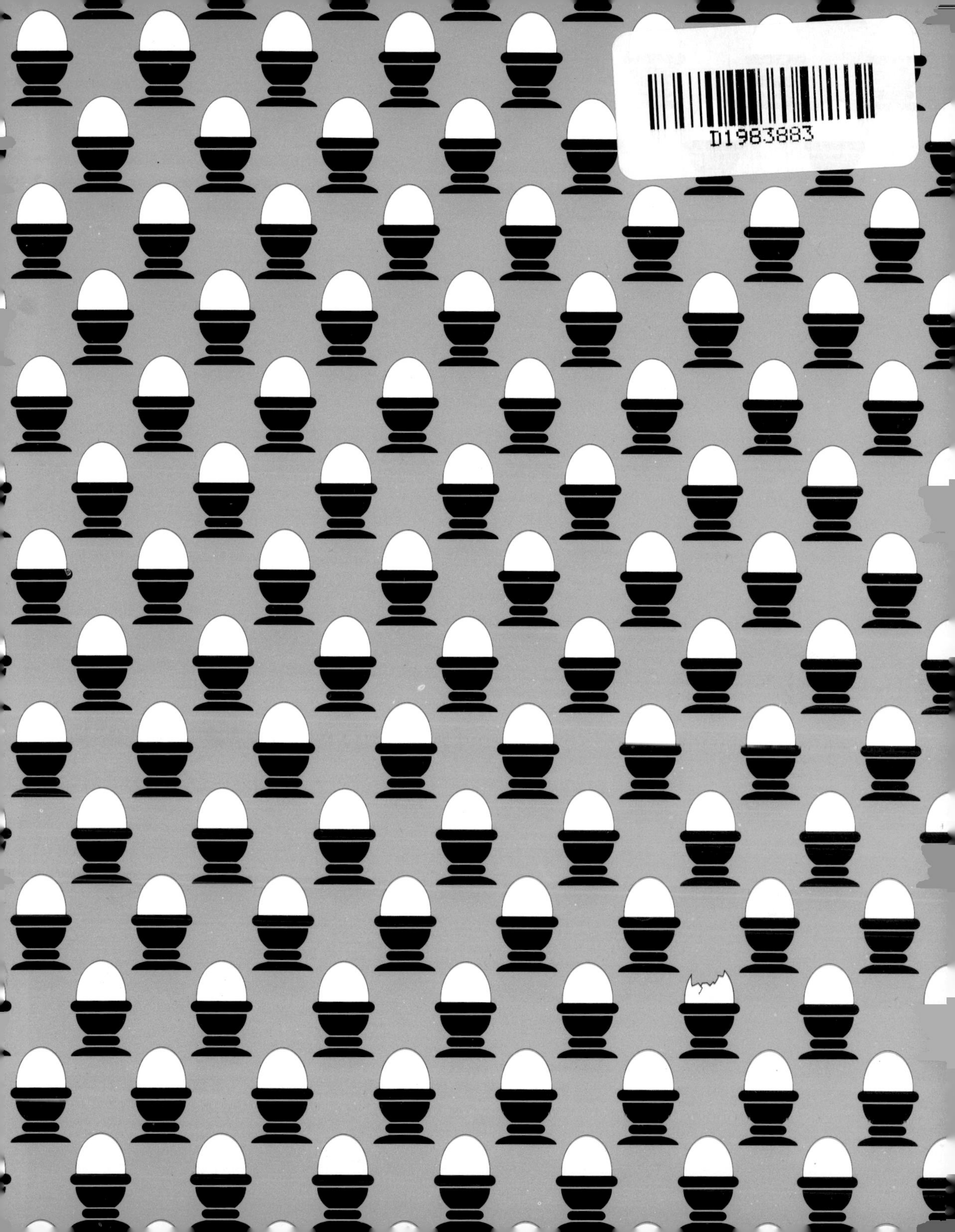

Ursula Grüninger

Die Eierküche

Die Eierküche

von Ursula Grüninger

82 Rezepte aus verschiedenen Bereichen mit
Farbaufnahmen von Bruno Hausch

Hugo Matthaes Druckerei und Verlag GmbH & Co. KG

ISBN 3-87516-197-1

Bilder: Foto Design Bruno Hausch, Balingen

Printed in Germany
Herstellung einschließlich der Reproduktionen:
Hugo Matthaes Druckerei und Verlag GmbH & Co. KG, Stuttgart

Ei – Ei – Ei

„Das Ei ist für die Küche, was die Artikel für die Rede sind, das heißt von so unerläßlicher Notwendigkeit, daß der geschickteste Koch die Kunst an den Nagel hängen würde, wenn man ihm die Verwendung von Eiern verbieten wollte.“

Dem französischen Schriftsteller und Gastronomen Grimod de la Reynière, von dem diese Worte sind, wird nachgesagt, daß er eine Unmenge von Eiergerichten, etwa 540 an der Zahl, gekannt habe. Kein Ausspruch könnte treffender die Stellung kennzeichnen, die das Ei in der Küche einnimmt. Ohne Eier ständen wir hier auf verlorenem Posten. Es gäbe kein Frühstücksei, kein Spiegel- oder Rührei, ganz zu schweigen von verlorenen Eiern, von Ragouts oder von der Vielzahl der bei jung und alt so sehr beliebten Eierkuchen und Omeletts aller Art.

Verführerische Cremes, Puddings, Kleingebäck, Kuchen, Torten und andere Naschereien wären nur ein Gedankenspiel, nichts weiter, und – dies sei nur am Rande vermerkt – dazu zählt natürlich auch der schöne Brauch der buntbemalten Ostereier. Kurz, es ist nicht auszudenken, auf welche Genüsse unser Gaumen verzichten müßte. Aber, ein Glück für uns, noch gakkert das Huhn, noch legt es die Eier! Ja, wir können zu jeder Zeit und für jede Gelegenheit Eier im Hause haben, und zwar so viele, wie wir wollen.

Und weil es mir das Ei angetan hat, mir jede Suppe, die mit Ei legiert ist, besser schmeckt, ein Spiegelei auf einem Steak, auf Teigwaren, Gemüse oder Brot mir sehr zusagt und weil mich schließlich eine lockere Creme, die in eine Wolke von Schlagsahne gehüllt ist, sehr verführt, deshalb habe ich dieses Buch geschrieben.

Eier können je nach Wunsch vom Morgen bis zum Abend zu jedem Essen gereicht werden. Jedes überbackene Gemüsegericht, jeder Auflauf, Salat, Toast und jede kalte Platte gewinnen, sobald Eier dazu verwendet werden.

Sie sind immer willkommen und geradezu ideal, wenn es sich darum handelt, unerwarteten Gästen schnell etwas auf den Tisch zu zaubern. Daher sollte der Eivorrat nie ausgehen, er gehört in die Küche wie das Salz in die Suppe.

Wie vielseitig das Ei – und hier ist durchweg immer nur vom Hühnerei die Rede – verwendet werden kann, zeigt dieses Buch. Von der Suppe bis zum Dessert finden Sie so manches leckere Gericht, das Sie begeistern wird. Abgesehen von Aufläufen sind alles schnelle Gerichte, da sie Vorrang haben und besonders willkommen sind. Eier werden weltweit gegessen, daher wurde auch an internationale Gerichte gedacht.

Auf Eierkuchen und Omeletts habe ich bewußt verzichtet, weil sie in allen anderen Kochbüchern zu finden sind.

Neben einem kleinen kulturgeschichtlichen Abriß vermittelt das Buch Wissenswertes über das Ei und gibt einige wichtige Tips. Die angegebenen Koch- und Backzeiten sind nur ungefähre Werte, sie können variieren, aber ich wollte die Arbeit erleichtern.

Meine Eierküche soll die Phantasie zu neuen Kombinationen anregen, die Freude an Eiergerichten steigern und all denen ein Helfer sein, die keine eigene Motivation aufbringen. Kochen sollte keine lästige Pflicht sein.

Mir bleibt nun nichts anderes mehr übrig, als gutes Gelingen und guten Appetit zu wünschen!

Ursula Grüninger

Inhaltsverzeichnis

Leckere Brote

Rührei

Salate

Desserts

Getränke

Kleine Eigeschichte

Das Ei in Form des Ostereis war von altersher das Symbol der Fruchtbarkeit, das Weltei schlechthin. Im Mittelalter war es Sinnbild von Auferstehung und Ewigkeit.

Von jeher erfreute man sich auch am Genuß von Eiern. Hier taten sich besonders die Römer hervor. Sie vergaßen nicht, bei den heiteren Festen in Rom für Ceres, die Göttin für Wachstum und Fruchtbarkeit, auch das Ei gebührend herauszustellen. Wie beliebt das Ei war und wie sehr man sich in alter Zeit mit ihm befaßt hat, kann man bei Horaz in der vierten Satire nachlesen:

„Vergiß nicht in der Wahl der Eier stets die länglichen, als feiner im Geschmack und nährender, den runden vorzuziehen. Der letzteren dicke Schale zeigt dem Kenner an das männliche Geschlecht der Dotter."

Nun sollte jeder wissen, auf was man beim Einkauf der Eier zu achten hat.

In allen Kulturen wird das Ei als Symbol der Fruchtbarkeit angesehen, seit ihm Eros, der griechische Gott der sexuellen Leidenschaften, entstieg. Ganz besonders wird das Eidotter in der erotischen Literatur aller Sprachen als „Brunnen erotischer Freuden" angesehen. Wie eng die Mythologie mit unserer heutigen Erwartung verbunden ist, wird hier besonders deutlich. Bei den Germanen war der als heilig angesehene Hase Sinnbild der Fruchtbarkeit. Zur Zeit der Karolinger aßen arm und reich diesseits der Alpen ebenso gerne Eier, und zwar in besonders großen Mengen. Karl der Große selbst liebte Eier und Gerichte, die man aus ihnen zubereitete.

„Verlorene Eier" gab es schon in Urzeiten. Welche Prozeduren dazu nötig waren, können wir uns nicht vorstellen. Man schlug die Schale der Eier auf und garte Eigelb und Eiweiß in Ermangelung eines Herdes auf glühenden Kohlen. Eine andere Art war, das Ei in der Schale in die heiße Asche zu legen, vorher jedoch die Schale an einem Ende leicht anzuschlagen, damit sie nicht platzte und das Ei auslief. Zum Essen mußte man die Eier natürlich erst von Ruß und Asche säubern. Wie würden wir das Gesicht verziehen, die Nase rümpfen, wenn wir in unserer heute hochtechnisierten Welt so gegarte Eier essen sollten! François Rabelais, französischer Humanist, Arzt und Schriftsteller im 16. Jahrhundert, nannte sie „in den Kamin geworfene Eier".

Im Fernen Osten will man schon in alten Zeiten die Eier in Fett gebacken haben.

Vom Ei ist manches in Sage und Dichtung eingegangen.

So heißt es bei E. v. Kudriaffsky in dem Buch „Die historische Küche", daß die schöne Helena erstaunlicherweise einst aus einem Ei gekrochen sei. War es vielleicht ein Schwanenei wie in unserem Märchen vom „häßlichen Entchen"?

Eduard Mörike reimte im vorigen Jahrhundert mit Vergnügen:

„Die Gelehrten und die Pfaffen
streiten sich mit viel Geschrei,
was hat Gott zuerst geschaffen,
wohl die Henne, wohl das Ei!
Wäre das so schwer zu lösen –
erstlich war ein Ei erdacht,
doch – weil noch kein Huhn gewesen! –
darum hat's der Has' gebracht!"

Das „Ei des Kolumbus"? Es bleibe umstritten, doch liegt diesem geflügelten Wort folgende Anekdote zugrunde:

Als Christoph Kolumbus im Jahre 1493 nach seiner ersten Entdeckungsreise mit den Worten bedacht wurde, seine Entdeckung sei gar nicht so schwierig gewesen, man hätte sie nur selbst früher ins Auge fassen müssen, soll er zurückgefragt haben, wer ein Ei aufrecht auf den Tisch stellen könne. Keiner brachte es fertig. Kolumbus drückte dem Ei die Spitze ein, dann stand es.

Wissenswertes über das Ei

Aufbewahren von – rohen Eiern:	Im Kühlschrank bleibt der Eigengeschmack bis zu 12 Tagen erhalten.
– hartgekochten Eiern:	Diese dürfen nicht an der Luft, sondern müssen im Kühlschrank aufbewahrt werden. Sie halten bedenkenlos eine Woche. Die Schale des Eis im rohen wie auch im gekochten Zustand ist porös. Es dringt daher ständig Luft ein, so daß sich das Ei zersetzt. Es bildet sich Schwefelwasserstoff, der das im Ei enthaltene Eisen beeinflußt. Die Folge davon ist dann eine grüne Farbe und ein faules Ei.
Auflauf:	Wenn der Auflauf besonders locker werden soll, dann 1 Ei mehr, als im Rezept vorgeschrieben, nehmen.
Bekömmlichkeit:	Jedes frische Ei ist leicht verdaulich und damit auch bekömmlich.
Bindefähigkeit:	Sie ist beim Eigelb mit 5 g Mehl gleichzusetzen.
Braune Schale:	Diese ist durch die Hühnerrasse bedingt und hat keinen Einfluß auf Eiweiß und Eigelb.
Cholesterin:	Der Körper produziert selbst so viel Cholesterin, daß das zusätzliche vom Eigelb kaum ins Gewicht fällt.
Eierschneider:	Sind bei einem Rezept zum Garnieren Eischeiben vorgeschrieben, dann ist der Eierschneider ein guter Helfer, um gleichmäßige Eischeiben zu bekommen.
Eigelb:	Eigelb, das aufbewahrt werden soll, in einen kleinen Behälter geben, etwas Wasser darübergießen und zugedeckt, jedoch nicht länger als 2 Tage, im Kühlschrank aufbewahren.
Eierteiler:	Ein Eierteiler trennt exakt das Eigelb vom Eiweiß.

Eischnee: Das Eiweiß von einem ganz frisch gelegten Ei läßt sich nicht steif schlagen, und zu lange aufbewahrte Eier geben nur wenig Eischnee. Durch Zugabe von wenig Salz oder ein paar Tropfen Zitronensaft wird der Eischnee besonders steif und gewinnt an Volumen, vorausgesetzt, daß das Ei nicht direkt aus dem Kühlschrank kommt. Schüssel und Schlaggerät müssen unbedingt ganz sauber sein.

Eiweiß: Dieses läßt sich nicht mehr schlagen, wenn etwas Eigelb dabei ist oder auch nur wenig Fett an Schüssel und Schlaggerät haftet.

Ernährung: Eine einseitige Ernährung ist in jedem Fall ungesund, und das trifft auch dann zu, wenn man sich nur von Eiern ernährt.

Frische: Diese bleibt dem Ei, vom Legen an gerechnet und wenn es im Kühlschrank gelagert wird, ohne weiteres 10 bis 12 Tage erhalten.

Die Frische ist von außen nicht sichtbar. Wenn das Ei wirklich frisch ist, muß es aromatisch schmecken. Das Eiweiß ist hell und durchsichtig. Die Luftblase verrät das Alter. Ist sie klein, ist das Ei frisch.

Frischetest: Eier in 1 Liter kaltes Wasser, mit etwa 100 g Salz vermischt, einlegen. Bleiben sie flach liegen und gehen nicht unter, dann sind sie frisch, richten sie sich auf, können sie nur noch zum Kochen verwendet werden, und schwimmen sie an der Oberfläche, handelt es sich um alte Eier. Sie sind nicht mehr verwendbar und sollten weggeworfen werden.

Frühstücksei: Dazu nur ganz frische Eier verwenden.

Gefrieren: Eier können, wenn es sich um einen größeren Vorrat handelt, eingefroren werden. Dazu Eiweiß und Eigelb sehr sorgfältig voneinander trennen, beide getrennt verquirlen und vorher eine Messerspitze Salz dazugeben. Eigelb und

Eiweiß getrennt, in kleinere Behälter abgefüllt, gefrieren. Zur besseren Übersicht auf jeden Behälter schreiben, wieviel Eimasse er enthält. Eiweiß kann aufgetaut zu Eischnee geschlagen werden.

Geschmack:

Dieser hängt von der Fütterung der Tiere ab. Im allgemeinen haben Eier keinen ausgeprägten Geschmack, der auf einen bestimmten Lieferanten schließen ließe.

Güte- und Gewichtsklassen:

Eier werden seit dem 1. Mai 1969 in der EG nach Güte- und Gewichtsklassen angeboten. Das Gesetz verlangt, daß die Eier entsprechend gekennzeichnet sind. Das Verpackungsdatum muß auf dem Karton gut sichtbar angebracht sein und muß unbedingt beachtet werden.

Das Verpackungsdatum muß unverschlüsselt angegeben werden, d. h. mit genauer Tagesangabe.

Die Güteklasse A-extra bedeutet, daß die Eier extra frisch sind. A-Eier sind Eier, für die die Bezeichnung „frisch“ noch zulässig ist.

Die Verpackung für B-Eier muß deutlich mit einem aufgedruckten „B“ gekennzeichnet sein.

C-Eier werden im Handel nicht angeboten und sind nur für eine Weiterverarbeitung gedacht.

Die Gewichtsklassen reichen vom kleinen Ei mit 45 g bis zum großen Ei mit 70 g.

Kochen:

Eier platzen leicht, wenn sie stark gekühlt aus dem Kühlschrank in das kochende Wasser gelegt werden. Es ist ratsam, Eier rechtzeitig aus dem Kühlschrank zu nehmen. Um das Platzen zu verhindern, wird empfohlen, das Ei am stumpfen Ende einzustechen. Das geht problemlos mit einem Eistecher.

Beim Kochen muß das Ei gut mit Wasser bedeckt sein.

Werden die Eier in siedendes Wasser eingelegt, muß die Kochzeit um etwa eine Minute verlängert werden.

Die Kochzeiten sind für ein weich gewünschtes Ei 4–5 Minuten und für ein hart gewünschtes 6–8 Minuten. Die Kochzeit richtet sich nach der Größe. Die Schale läßt sich dann sehr gut entfernen, wenn die Eier kurz in kaltem Wasser abgeschreckt werden.

Lagerung: Ein Ei kann bis zu 5 Wochen im Kühlschrank gelagert werden. Ältere Eier sollten aber dann nur noch zum Kochen und Backen verwendet werden.

Legeleistung: Diese war früher etwa 150 und beträgt heute bis zu 300 Eier im Jahr.

Legieren: Das Eigelb mit wenig Flüssigkeit verquirlen und der Speise unter Rühren zugeben. Suppen und Saucen dürfen danach nicht mehr weiterkochen. Wird dies nicht beachtet, setzen sich Flocken ab. Durch das Legieren erhält eine Speise eine appetitlichere Farbe und gewinnt zudem noch etwas an Geschmack.

Nährwert: Dieser beträgt bei einem Hühnerei der Klasse 3, 60 bis 65 g Gewicht, an

Protein (Eiweiß)	6,81 g
Fett (nur im Eigelb)	5,91 g
Kohlenhydrate	0,37 g
Vitamin A	0,12 mg
Vitamin B_1	0,05 mg
Vitamin B_2	0,16 mg
Vitamin C	—
Kalzium	29,57 mg
Phosphor	114,05 mg
Natrium	76,03 mg
Eisen	1,11 mg
Energie	369 kj = 88 kcal

Panieren: Die Bindefähigkeit des Eies kommt hier der Panade zugute.

Spiegelei: Bei Verwendung eines frischen Eies wird das Spiegelei klein, und das Eigelb wölbt sich in der Pfanne. Bei einem älteren Ei ist das Verhältnis genau umgekehrt. Braune, knusprige Ränder sollten auf jeden Fall abgeschnitten werden. Hohe Brattemperaturen tragen dazu bei, daß das Eiweiß verhornt. Es schadet der Gesundheit, weil es unverdaulich ist.

Verlorene Eier: Die gegarten verlorenen Eier können zur Abwechslung noch in den Backteig getaucht und in heißem Fett ausgebacken werden.

Technische Hinweise:

Falls nicht anders angegeben, beziehen sich die in den Rezepten angegebenen Mengen auf 4 Portionen.

Die Abkürzungen bei den Mengenangaben bedeuten:
g = Gramm, l = Liter, TL = Teelöffel, EL = Eßlöffel

1 Sommersuppe mit verlorenen Eiern

4 Karotten
1 Kohlrabi
250 g fadenfreie grüne Bohnen
3 Frühlingszwiebeln
1 1/4 l Fleischbrühe
Salz, Pfeffer
1 1/2 l Wasser
2 EL Essig
4 Eier
1 EL kleingehackte Petersilie

Karotten schaben, waschen und in Scheiben schneiden, dann Kohlrabi schälen, waschen und in Streifen schneiden. Die gewaschenen, gegipfelten Bohnen in kleinere Stücke und die Zwiebeln in Ringe schneiden. Karotten, Kohlrabi und Bohnen in die kochende Fleischbrühe geben und 25 Minuten weich kochen. Die Zwiebelringe 5 Minuten vor Ende der Kochzeit dazugeben. Die Suppe würzig abschmecken.

Das Wasser mit Essig zum Kochen bringen. Die Eier einzeln in eine Schöpfkelle aufschlagen, in das Wasser gleiten und 5 bis 7 Minuten eher ziehen als kochen lassen. Mit einem Schaumlöffel herausnehmen, Eiweißränder abschneiden, und die Eier in der Suppe anrichten. Mit Petersilie bestreuen.

2 Szegediner Tomatencremesuppe

75 g Speckwürfel
1 kleingehackte Zwiebel
1/2 Knoblauchzehe
750 g reife Fleischtomaten
Salz, Pfeffer
3/4 l Wasser
2 Szegediner Würstchen
1/4 l Schlagsahne
3 EL Tomatenmark
2 hartgekochte Eier
2 EL kleingehackte Petersilie

Die Speckwürfel mit den Zwiebelstückchen und der zerkleinerten halben Knoblauchzehe so lange rösten, bis die Zwiebelstückchen eine leicht braune Farbe angenommen haben. Die Fleischtomaten waschen, vierteln, dazugeben, alles andünsten und etwas würzen. Das Wasser aufgießen. Die Suppe 30 Minuten kochen lassen, dann passieren.

Die Würstchen in Scheiben schneiden, zur Suppe geben und das Ganze noch 10 Minuten bei geringer Hitze kochen lassen, dann mit Sahne, Tomatenmark und Gewürzen abschmecken.

Die Eier schälen, kleinhacken und mit Petersilie darüber auf der Suppe anrichten.

3 Zucchinisuppe à la Carlotta

40 g Butter oder Margarine
1 kleingehackte Zwiebel
1 l Fleischbrühe
750 g Zucchini
Salz, Pfeffer
ein paar Tropfen Knoblauchwürze
frischer oder getrockneter Thymian
$1^1/_4$ l Wasser
2 EL Weinessig
4 Eier

Die Butter oder Margarine in einem Topf erhitzen, die Zwiebelstückchen dazugeben und glasig dünsten. Die Fleischbrühe zugießen und zum Kochen bringen. Die Zucchini waschen, in Scheiben schneiden, dazugeben und bei geringer Hitze 15 bis 20 Minuten kochen lassen. Mit Salz, Pfeffer, Knoblauchwürze und Thymian würzen.

Das Wasser mit Weinessig zum Kochen bringen. Die Eier einzeln in eine Schöpfkelle aufschlagen und in das kochende Wasser gleiten lassen. Sobald das Eiweiß anfängt zu stocken, es jeweils mit einem Eßlöffel über das Eigelb ziehen. Die Eier etwa 4 Minuten nur ziehen lassen, dann wenden, nochmals etwa 3 Minuten ziehen lassen und mit einem Schaumlöffel herausnehmen. Eiweißränder abschneiden. Die Eier in der Suppe anrichten.

4 Kartoffelsuppe mit Sauerampfer

1 Bund Sauerampfer
1 l Wasser
1 in dünne Stifte geschnittene, kleinere Karotte
1 Packung (4 Teller) Instant-Kartoffelsuppe
4 EL süße Sahne
Pfeffer
4 weichgekochte Eier

Den Sauerampfer waschen, abtropfen lassen, mit den Stielen in Streifen schneiden und im Mixer pürieren.

Für die Kartoffelsuppe das Wasser mit den Karottenstiften zum Kochen bringen und die Suppe, wie auf der Packung angegeben, zubereiten. Topf von der Kochstelle nehmen und den Sauerampfer unter die Suppe ziehen. Diese mit Sahne verfeinern, abschmecken und in einer Terrine anrichten oder auf tiefe Teller verteilen.

Die Eier schälen, etwas zerkleinern und in die Suppe geben.

5 Gemüsesuppe mit Eierrösti

2 Milchbrötchen vom vorigen Tage
3 Eier
3 EL Sahne
Salz
Muskatnuß
30 g Butter
1 l Fleischbrühe
1 gedünstete Karotte
1 Tasse gedünstete Erbsen
hellgeröstete Zwiebelringe

Die Brötchen in kleinere Würfel schneiden. In eine Schüssel geben. Die Eier mit Sahne, Salz und etwas geriebener Muskatnuß gut verquirlen und über die Würfel gießen. Butter in einer Pfanne erhitzen, die Würfel dazugeben, zu schöner Farbe backen und auf Suppenteller verteilen.

Die Fleischbrühe mit der in Scheiben geschnittenen, gedünsteten Karotte und den gedünsteten Erbsen erhitzen und über die Würfel geben. Zwiebelringe darauf anrichten und die Suppe servieren.

6 Risotto mit Eierragout

250 g Langkornreis
Margarine
2 rote Paprikaschoten
4 Tomaten
6 gefüllte Oliven
1 kleines Paket tiefgefrorene Erbsen
3 EL Olivenöl
Salz
1/8 l Weißwein
1 Messerspitze Zucker
1 gute Prise Paprikapulver, edelsüß
4 Eier
2 EL Mandelsplitter aus dem Beutel

Den Langkornreis in reichlich kochendem Salzwasser 12 Minuten leicht sprudelnd garen.

4 Tassen mit Margarine auspinseln. Die Paprikaschoten aufschneiden, von den Kernen befreien, waschen und in Würfel schneiden. Die Tomaten waschen und vierteln. Die Oliven in Scheiben schneiden.

Etwa 3/4 l Salzwasser in einem zweiten Topf zum Kochen bringen, die Erbsen dazugeben und nur etwa 3 Minuten kochen, dann auf einem Sieb abtropfen lassen. Den inzwischen gegarten Reis kurz kalt abspülen, salzen, die Erbsen daruntermischen, in die gefetteten Tassen drücken und warm stellen.

Für das Ragout das Olivenöl in einer Pfanne erhitzen. Die Paprikaschotenwürfel und die Tomatenviertel etwa 10 Minuten darin dünsten. Salz darüberstreuen und ab und zu umrühren. Den Weißwein dazugießen und mit Zucker und Paprikapulver würzen. Die Eier aufschlagen, auf das Gemüse gleiten und stocken lassen.

Den Reis auf eine vorgewärmte Platte stürzen, die Mandelsplitter darauf verteilen und um den Reis das Eierragout anrichten. Mit Olivenscheiben garnieren.

7 Kerbeleier

250 g rote Zwiebeln
40 g Butter oder Margarine
1 Paket tiefgefrorene Erbsen
1/8 l Weißwein
2 EL Kefir
Salz, Pfeffer
4 hartgekochte Eier
1 Bund Kerbel

Die Zwiebeln schälen, in Scheiben schneiden und in der heißen Butter oder Margarine glasig dünsten. Die etwas angetauten Erbsen dazugeben, den Weißwein zugießen und bei geringer Hitze 15 bis 20 Minuten schmoren. Kefir darunterrühren. Würzig mit Salz und Pfeffer abschmecken.

Die Eier schälen, vierteln und in der Sauce anrichten. Kerbelblättchen von den Stielen zupfen, kurz auf einem Sieb mit kaltem Wasser überspülen, mit Küchenkrepp trocknen und darüber verteilen.

8 Grüner Reis mit Senfeiern

1 Paket (400 g) tiefgefrorener Spinat
250 g Naturreis
Salzwasser
75 g geröstete Speckwürfelchen
Salz
Muskatnuß
3 kleingehackte frische Basilikumblätter
2 Beutel helle Sauce
1/2 l Wasser
Senf
6 hartgekochte Eier

Den Spinat nach Anweisung auftauen. Den Reis in kochendes Salzwasser einstreuen und bei geringer Hitze 30 bis 35 Minuten kochen lassen. Die gerösteten Speckwürfelchen unter den Spinat mischen und mit Salz und geriebener Muskatnuß würzig abschmekken. Den Reis auf einem Sieb mit lauwarmem Wasser abschrecken, kurz abtropfen lassen und die kleingehackten Basilikumblätter sowie den Spinat darunterrühren.

Die Sauce nach Anweisung kochen, mit Senf würzig abschmecken und die geschälten, in Viertel geschnittenen Eier darin anrichten.

Den Spinatreis auf einer Platte mit den Senfeiern in der Mitte anrichten.

9 Buntes Gemüse

200 g gekochter Schinken
200 g Champignons
1/4 l Wasser
1 Beutel helle Sauce
2 bis 3 Fleischtomaten
1 Eigelb
40 g Fett
8 Eier
1 TL Salz
2 EL geriebener Käse

Den Schinken in Streifen schneiden. Die Champignons waschen, auf einem Sieb abtropfen lassen und in Scheiben schneiden.

Das Wasser erhitzen und nach Anweisung eine helle Sauce kochen. Die Champignons hinzufügen und 5 Minuten mitkochen lassen. Den Topf von der Kochstelle nehmen. Die Tomaten halbieren, Stielansatz und Kerne entfernen, die Tomaten in kleine Stücke schneiden. Das Eigelb, die Schinkenstreifen und Tomatenstückchen unter die Sauce rühren.

Das Fett in einer Pfanne erhitzen. Die Eier nacheinander aufschlagen, dazugeben, etwas salzen, den Käse darüberstreuen und die ersten 2 Minuten offen, die weiteren 4 Minuten zugedeckt braten. Die Spiegeleier auf dem Gemüse anrichten.

Beilage: Curryreis.

10 Vogelsberger Kotelett

4 Schweinekoteletts
1 EL Mehl
1 TL gewürzter Pfeffer (Fertigprodukt)
60 g Bratfett

für die Rühreier:
1/2 Zwiebel
3 Eier
6 EL Wasser
1/4 TL Salz
1 Prise weißer Pfeffer
20 g Butter oder Margarine
1 EL Kapern

Die Koteletts mit Küchenkrepp abreiben, etwas breit drücken, mit Mehl bestäuben und mit Pfeffer würzen. Das Fett erhitzen und die Koteletts auf jeder Seite 5 bis 6 Minuten braten.

Inzwischen für die Rühreier die Zwiebel schälen und kleinhacken. Die Eier mit dem Wasser und den Gewürzen verquirlen. Die Zwiebelstückchen noch daruntermischen. Die Butter oder Margarine in einer zweiten Pfanne erhitzen, das Eigemisch dazugeben und bei geringer Hitze unter Rühren in etwa 4 Minuten stocken lassen. Das Rührei sollte flockig-leicht sein. Es wird auf den Koteletts angerichtet und mit Kapern garniert.

Beilage: gebratene Kartöffelchen.

11 Lebergeschnetzeltes

1 Gewürzgurke
1 EL Bratfett
375 g in Streifen geschnittene Rinds- oder Kalbsleber
3 bis 4 EL marinierte rote Paprikaschotenstückchen aus dem Glas
1/10 l süße Sahne
1/2 TL Salz
1 Prise frisch gemahlener schwarzer Pfeffer
3 bis 4 Eier
geröstete Zwiebelringe

Die Gewürzgurke in Scheiben schneiden.

Das Fett erhitzen, die Leberstreifen dazugeben und unter Rühren nur 2 bis 3 Minuten braten. Längeres Braten verhindern, da die Leber sonst hart wird, jedoch darauf achten, daß die Leber nach dem Bratvorgang nicht mehr blutet. Die Gurkenscheiben, die abgetropften Paprikaschotenstückchen und die Sahne dazugeben und erst dann mit Salz und Pfeffer würzen. Die Eier darüber aufschlagen und stocken lassen.

Das Gericht auf einer vorgewärmten Platte anrichten und mit den Zwiebelringen garnieren.

Beilage: Salat oder Weiß- und Schwarzbrot mit Butter.

12 Schollenfilets mit Kräutern

2 Paket tiefgekühlte Schollenfilets
Saft einer Zitrone
1 TL Meersalz
etwas Mehl
100 g Butter oder Margarine
2 EL kleingehackte Petersilie
1 EL kleingehackter Estragon
1 EL kleingehackte Salbeiblätter

für die Sauce:
125 g Butter
1 EL Essig oder Zitronensaft
4 EL Wasser
2 bis 3 Eigelb
Salz, weißer Pfeffer
einige Tropfen Weinbrand
geröstete Zwiebelscheiben

Die Schollenfilets antauen und voneinander lösen. Mit Zitronensaft beträufeln, salzen und mit Mehl bestreuen. Das Fett in einer großen Pfanne erhitzen, die Kräuter dazugeben, kurz andünsten, die Schollenfilets hinzufügen und auf jeder Seite bei geringer Hitze 6 bis 8 Minuten braten.

Zur Sauce die Butter schaumig rühren. Essig oder Zitronensaft, Wasser und Eigelbe mit einer Prise Salz verrühren und unter ständigem Schlagen bei geringer Hitze oder im Wasserbad dick werden lassen. Unter Schlagen nach und nach in kleinen Portionen die Butter dazugeben. Mit Salz, Pfeffer und Weinbrand würzig abschmecken.

Die Schollenfilets auf einer vorgewärmten Platte anrichten. Einen Teil der Sauce darübergeben und mit gerösteten Zwiebelscheiben garnieren. Die restliche Sauce gesondert servieren.

Dazu ganze gebratene Kartöffelchen oder Naturreis und Salat reichen.

13 Hühnerschenkel Alexandra

4 tiefgekühlte Hühnerschenkel
Kräutersenf
2 Eier
1 bis 2 EL Mehl
4 EL Semmelbrösel
2 EL Bratfett
Chilisauce oder Tomatenketchup
Remouladensauce
kleingehackte Petersilie

Die aufgetauten Hühnerschenkel waschen, mit Küchenkrepp trockentupfen und mit Kräutersenf bestreichen. Die Eier verquirlen. Die Geflügelstücke erst in dem Mehl, dann in den verquirlten Eiern und zuletzt in den Semmelbröseln wenden.

Reichlich Fett erhitzen. Die panierten Geflügelstücke knusprig braten und bei verminderter Hitze etwa 25 Minuten garen. Auf einer Platte anrichten und mit Chilisauce oder Tomatenketchup und etwas Remouladensauce garnieren. Auch Petersilie sollte nicht fehlen.

Dazu gibt es einen Rohkostsalat.

14 Hühnerbrüstchen

1 große Zwiebel
3 EL Sonnenblumenöl
4 tiefgekühlte Hühnerbrustfilets
1/4 l saure Sahne
1/4 TL Curry
1 Prise Zimt
1 Prise gemahlene Nelken
4 EL Ananasstücke aus der Dose
20 g Fett
4 Eier
einige Spritzer Worcestersauce

Die Zwiebel abziehen und kleinschneiden. Das Öl erhitzen. Die Zwiebelstückchen und die unaufgetauten Hühnerbrustfilets hinzugeben und anbraten. Nach etwa 5 Minuten die saure Sahne hinzugießen. Das Hühnerfleisch in 10 bis 15 Minuten garen. Die Sauce mit Curry, Zimt und Nelken abschmecken.

Die Hühnerbrüstchen in der Sauce anrichten und mit den Ananasstückchen belegen.

Das Fett erhitzen. Die Eier einzeln aufschlagen und Spiegeleier braten. Einige Spritzer Worcestersauce darüberträufeln. Nach 3 Minuten Bratzeit jedes Ei vorsichtig wenden und auf der anderen Seite braten.

Die doppelseitig gebratenen Eier auf den Hühnerbrüstchen anrichten.

15 Putenrouladen Exquisit

4 Putenschnitzel
Salz, Pfeffer
4 bis 6 EL Tomatenmark
4 EL feingehackte Petersilie oder kleingehackte Essiggurken
4 hartgekochte Eier
20 g Butter
50 g Schinkenspeck
1/4 l Schlagsahne
1 Päckchen Safran
1 Eigelb
1 kleiner Becher Crème fraîche
1 Beutel (40 g) blättrig geschnittene, hellgeröstete Mandeln

Die Putenschnitzel mit Küchenkrepp abtupfen, mit Salz und Pfeffer einreiben und mit Tomatenmark bestreichen. Feingehackte Petersilie oder Essiggurken darauf verteilen. Die hartgekochten Eier schälen. In jedes Schnitzel ein hartgekochtes Ei wickeln. Die Putenrouladen mit Klammern oder Holzstäbchen zusammenhalten.

Die Butter erhitzen. Den Schinkenspeck dazugeben, auslassen und herausnehmen. Die Putenrouladen in dem Fett bei nicht zu starker Hitze anbraten, in etwa 6 Minuten garen, herausnehmen und warm stellen.

Die Sahne mit Safran zu dem Bratenfond geben, etwas einkochen lassen und mit dem Eigelb binden. Crème fraîche daruntterrühren. Die Speckwürfelchen hinzufügen. Die Sauce würzig mit Salz und Pfeffer abschmecken.

Die Putenrouladen in der Mitte durchschneiden und auf einer Platte anrichten. Die Mandelblättchen darüber verteilen. Die Sauce gesondert reichen.

Beilage: Curryreis.

16 Gefüllte Forellen

4 ausgenommene frische Forellen
Sherryessig
3 hartgekochte Eier
1 Sträußchen feingehackte Petersilie
1 Becher Crème fraîche
Salz, weißer Pfeffer
500 g frische Karotten
250 g Erbsen
80 g Butter
gut 1/2 l Weißwein
Zitronenscheiben

Die ausgenommenen frischen Forellen unter fließendem kalten Wasser innen und außen abspülen, mit Küchenkrepp trockentupfen und innen mit Sherryessig ausreiben. Die hartgekochten Eier schälen und kleinhacken. Mit der Petersilie (zum Garnieren etwas davon zurückbehalten) unter die Crème fraîche mischen. Mit Salz und Pfeffer etwas würzen. Die Forellen damit füllen.

Die Karotten säubern, schaben, in Stifte schneiden und mit den Erbsen in der heißen Butter andünsten. Die gefüllten Forellen auf das Gemüse legen, Weißwein darübergießen, Topf oder Pfanne schließen und etwa 15 Minuten garen.

Die Forellen auf einer vorgewärmten Platte anrichten und mit Zitronenscheiben und Petersilie garnieren.

Dazu gibt es Stangenweißbrot.

17 Fischfilet Cordon bleu

4 Fischfilets je 175 g
Salz
Zitronensaft
5 Scheiben Räucherlachs
4 Scheiben Emmentaler Käse
2 Eier
1 bis 2 EL Mehl
4 bis 6 EL Semmelbrösel
reichlich Bratfett
4 gefüllte Oliven
Petersilie

Die Fischfilets waschen, mit Küchenkrepp trockentupfen und so auseinanderschneiden, daß die Scheiben auf einer Seite noch zusammenhängen. Dann wenig salzen und mit Zitronensaft beträufeln. In jedes Filet eine Scheibe Räucherlachs und eine Scheibe Emmentaler Käse legen. Die Filets mit Holzstäbchen zusammenstecken. Die Eier gut verquirlen.

Die gefüllten Filets zuerst mit etwas Mehl bestäuben, dann in den Eiern und zuletzt in den Semmelbröseln wenden. Reichlich Fett in einer Pfanne erhitzen, und die gefüllten Filets auf beiden Seiten je 3 bis 5 Minuten zu schöner Farbe braten.

Die restliche Räucherlachsscheibe in Streifen schneiden. Die Fischfilets mit diesen Streifen, den in Scheiben geschnittenen Oliven und mit vorbereiteter Petersilie garnieren.

Dazu gibt es Kartoffelsalat.

18 Fischstäbchen mit Kräuterrührei

20 tiefgekühlte Fischstäbchen
Bratfett
2 bis 3 Tropfen Knoblauchwürze
oder 1/2 Knoblauchzehe
5 Eier
5 EL Wasser oder Milch
1 EL gehackte Silberzwiebeln
2 EL kleingehackte Petersilie
Salz, Pfeffer
2 Tomaten
1 kleine Dose Erbsen
1 Prise Zucker
1 Stück Butter

Die unaufgetauten Fischstäbchen, wie auf der Packung angegeben, in heißem Fett backen.

Eine kleine Schüssel mit einem Hauch flüssiger Knoblauchwürze oder einer halben Knoblauchzehe ausreiben. Die Eier mit Wasser oder Milch darin verquirlen. Silberzwiebeln und Petersilie daruntermischen. Mit Salz und Pfeffer würzen. Die Tomaten waschen, vierteln, Stielansatz und Kerne entfernen. Die abgetropften Erbsen in heißer Butter erhitzen und abschmecken. In einer zweiten Pfanne etwas Fett erhitzen, Eimasse dazugeben und unter Rühren stocken lassen.

Die Fischstäbchen mit dem Rührei und den Erbsen darüber anrichten und mit Tomatenvierteln garnieren. Sofort servieren.

19 Südseeragout

1 Dose Thunfisch in Öl
3 Bananen
1 Apfel
1 EL Bratfett
$1/2$ TL Paprikapulver
3 Eier
Mandarinenspalten aus der Dose

Die Thunfischstücke abtropfen lassen, dann etwas zerkleinern. Die Bananen schälen und in nicht zu dünne Scheiben schneiden. Den Apfel schälen, vierteln, Kerngehäuse entfernen und die Viertel in kleine Stücke schneiden.

Das Fett in einer Pfanne erhitzen. Die Bananenscheiben darin kurz anbraten. Thunfisch- und Apfelstücke dazugeben, etwas Paprikapulver darüberstreuen. Alles vorsichtig vermischen, damit es durch die Bananen keinen Brei gibt. Die Eier darüber aufschlagen und stocken lassen.

Das Gericht auf einer Platte anrichten und mit Mandarinenspalten garnieren.

20 Schinkengeheimnis

4 Scheiben westfälischer Schinken
4 Scheiben Emmentaler Käse
4 hartgekochte Eier
1 EL Mehl
1 Ei
2 EL Semmelbrösel
1 EL Bratfett

Auf jede Scheibe Schinken eine Scheibe Emmentaler Käse legen. Die Eier schälen, darauf verteilen, die Scheiben zusammenrollen und mit Holzspießchen zusammenstecken. Die Rouladen mit wenig Mehl bestäuben, zunächst in einem verquirlten Ei und dann in Semmelbröseln wenden. Im heißen Fett nur etwa 3 Minuten auf beiden Seiten braten.

Die Rouladen in der Mitte möglichst glatt durchschneiden und auf einer vorgewärmten Platte anrichten.

Beilage: Bratkartoffeln, Salat.

21 Eier-Reispfanne

2 Tassen Naturreis
gut 1 l Wasser
1 EL Gemüsebrühe-Extrakt
2 Stangen Lauch
250 g Karotten
100 g frische oder tiefgekühlte Erbsen
60 g Butter
150 g gekochter Schinken oder Cervelatwurst
Salz, Pfeffer
4 hartgekochte Eier
einige frische Blätter Basilikum

Den Reis waschen und kurz abtropfen lassen. Das Wasser mit Gemüsebrühe-Extrakt zum Kochen bringen, den Reis einstreuen, bei geringer Hitze etwa 30 bis 40 Minuten garen und abtropfen lassen.

Den Lauch säubern und das Weiße in Ringe schneiden. Die Karotten schaben, waschen, in Scheiben schneiden. Beides mit den Erbsen in 30 g heißer Butter andünsten. Etwas Wasser hinzugießen und das Gemüse bei geringer Hitze 15 bis 20 Minuten garen. Schinken oder Cervelatwurst in Würfel schneiden.

Restliche Butter in einer Pfanne erhitzen, Reis und Gemüse mit den Schinken- oder Wurstwürfeln dazugeben, vermischen und leicht anrösten. Mit Salz und Pfeffer würzen. Die Eier verquirlen, über der Reismasse verteilen und stocken lassen.

Das Gericht auf einer vorgewärmten Platte anrichten und mit kleingehacktem Basilikum bestreuen.

Anstelle von Gemüsebrühe-Extrakt kann auch Fleisch- oder Gemüsebrühe verwendet werden.

22 Pfifferlinge nach Feinschmeckerart

500 g frische Pfifferlinge oder andere Pilze
2 Tomaten
1 kleingehackte Zwiebel
60 g Butter
1 TL Mehl
4 EL süße Sahne
Salz, Pfeffer
1 Knoblauchzehe
3 Eier
3 bis 4 EL geriebener Gouda

Die Pfifferlinge trocken putzen: Stiele abschaben, etwas kürzen und die großen Lamellen entfernen. Die Pilze einmal durchschneiden, kurz kalt abwaschen und auf einem Sieb abtropfen lassen. Die Tomaten waschen und in je 6 Spalten schneiden. Die Zwiebelstückchen in der heißen Butter hell rösten, die Pilze dazugeben und 10 Minuten dünsten. Die Tomatenspalten daruntermischen und weitere 5 Minuten dünsten. Das Mehl mit der Sahne verrühren, darübergeben und die Pfifferlinge binden. Nach Geschmack salzen und pfeffern.

Die Knoblauchzehe auf eine Gabel stecken, die aufgeschlagenen Eier damit verquirlen. Die Eimasse unter die Pfifferlinge mischen und stocken lassen. Mit Käse bestreuen und sofort servieren.

23 Rührei mit Champignons

250 g Steinchampignons
60 g Butter
1 Prise Salz
1/8 l Schlagsahne
50 g Rauchfleischwürfel
8 Eier
8 EL Milch oder Wasser
1 bis 2 kleingehackte Petersilie

Die Steinchampignons waschen und dann auf einem Sieb abtropfen lassen. 30 bis 40 g Butter erhitzen, die Pilze dazugeben und in wenigen Minuten garen. Eine Prise Salz und die Sahne darunterrühren und einige Male aufkochen lassen.

Inzwischen die Rauchfleischwürfel im eigenen Fett hell rösten. Die Eier mit Milch oder Wasser und etwas Salz verquirlen, dann in der restlichen Butter zu einem leichten Rührei backen. Ehe die Eier stocken, die Speckwürfel darunterrühren.

Das Rührei auf einer Platte als Kranz um die Steinchampignons anrichten. Mit Petersilie garnieren.

Dieses Rührei ist auch mit Spitzmorcheln ein Leckerbissen.

24 Gratinierte Eier

6 bis 8 hartgekochte Eier
1 große Zwiebel
30 g Butter oder Margarine
1/2 Bund Schnittlauch
150 g gekochter Schinken
50 g grobgeriebener Sbrinz

Die Eier schälen, in Scheiben schneiden und in eine gefettete, flache Auflaufform legen. Die Zwiebel schälen, in Ringe schneiden und in der heißen Butter oder Margarine hell rösten. Über die Eischeiben geben.

Den Schnittlauch waschen, mit Küchenkrepp trocknen und kleinschneiden. Den Schinken in kleine Würfel oder dünne Streifen schneiden und zusammen mit dem Schnittlauch auf den Eischeiben verteilen.

Das Ganze mit geriebenem Käse bestreuen und im vorgeheizten Backofen (E-Herd 220 °C, G-Herd Stufe 4) etwa 12 Minuten überbacken.

Beilage: Blatt-, Gurken- oder Tomatensalat.

25 Tomaten unter der Haube

8 bis 10 große Tomaten
1 Bund Schnittlauch
50 g Margarine
1/2 TL Salz
1 große Prise Pfeffer
1 große Prise Basilikum
5 Eier
2 EL geriebener Parmesankäse

Die Tomaten waschen und in dünne Scheiben schneiden. Schnittlauch waschen und fein schneiden. Die Margarine erhitzen und die Tomatenscheiben kurz dünsten. Salz, Pfeffer und Basilikum darüberstreuen.

Die Eier teilen und die Eigelbe mit Schnittlauch und Parmesankäse vermischen. Die Eiweiße steif schlagen und den Eischnee unter die Eigelbmasse ziehen. Die Tomatenscheiben in eine gefettete, flache Auflaufform legen und den Eischaum gleich darüber verteilen.

Die leichte Speise in den vorgeheizten Backofen schieben und im E-Herd bei 200 °C, im G-Herd bei Stufe 3 oder halbgroßer Flamme 10 bis 15 Minuten überbacken.

26 Käseflan mit Tomaten

100 g geriebener Sbrinz oder Gruyère
4 Eier
1 EL kleingehackte Petersilie
$1/8$ l süße Sahne
Salz
einige Butterflöckchen
2 Fleischtomaten
4 Sardellenfilets

Den Käse in 4 gefettete kleine Vorspeisenförmchen geben. Die Eier mit Petersilie, Sahne und etwas Salz verquirlen und darübergießen. Einige Butterflöckchen daraufsetzen. Das Gericht im vorgeheizten Backofen (E-Herd 200 °C, G-Herd Stufe 3) etwa 20 Minuten backen.

Die Tomaten waschen, in je 4 Scheiben schneiden.

Den Flan mit einem Messer aus den Förmchen lösen. Je einen Flan auf einer Tomatenscheibe anrichten. Mit den restlichen Tomatenscheiben und je einem Sardellenfiletröllchen garnieren.

Beilage: geröstetes Dreikorn-Toastbrot.

27 Calvadosauflauf

4 große Äpfel
Saft von 1 Zitrone
2 bis 3 EL beliebige Konfitüre
50 g Mandelstifte
1 l Milch
1 Prise Salz
30 g Butter
90 g Grieß
50 g Zucker
4 Eier
6 EL Calvados

Die Äpfel schälen, halbieren und nach Entfernen des Kerngehäuses mit wenig Wasser halbweich dünsten. In eine leicht gefettete Auflaufform legen, mit Zitronensaft beträufeln und mit der Konfitüre füllen. Mandelstifte darüber verteilen.

Die Milch mit Salz und Butter zum Kochen bringen, den Grieß unter Rühren einlaufen lassen, Zucker hinzufügen und einen Brei kochen. Den Topf von der Kochstelle nehmen. Die Eier trennen. Die Eigelbe mit Calvados unter den Brei rühren. Die Eiweiße zu steifem Schnee schlagen und darunterheben. Den Brei über die Äpfel geben.

Den Auflauf im vorgeheizten Backofen (E-Herd 200 °C, G-Herd Stufe 3) etwa 45 Minuten backen.

Beilage: Vanille-, Schokoladen- oder Fruchtsauce.

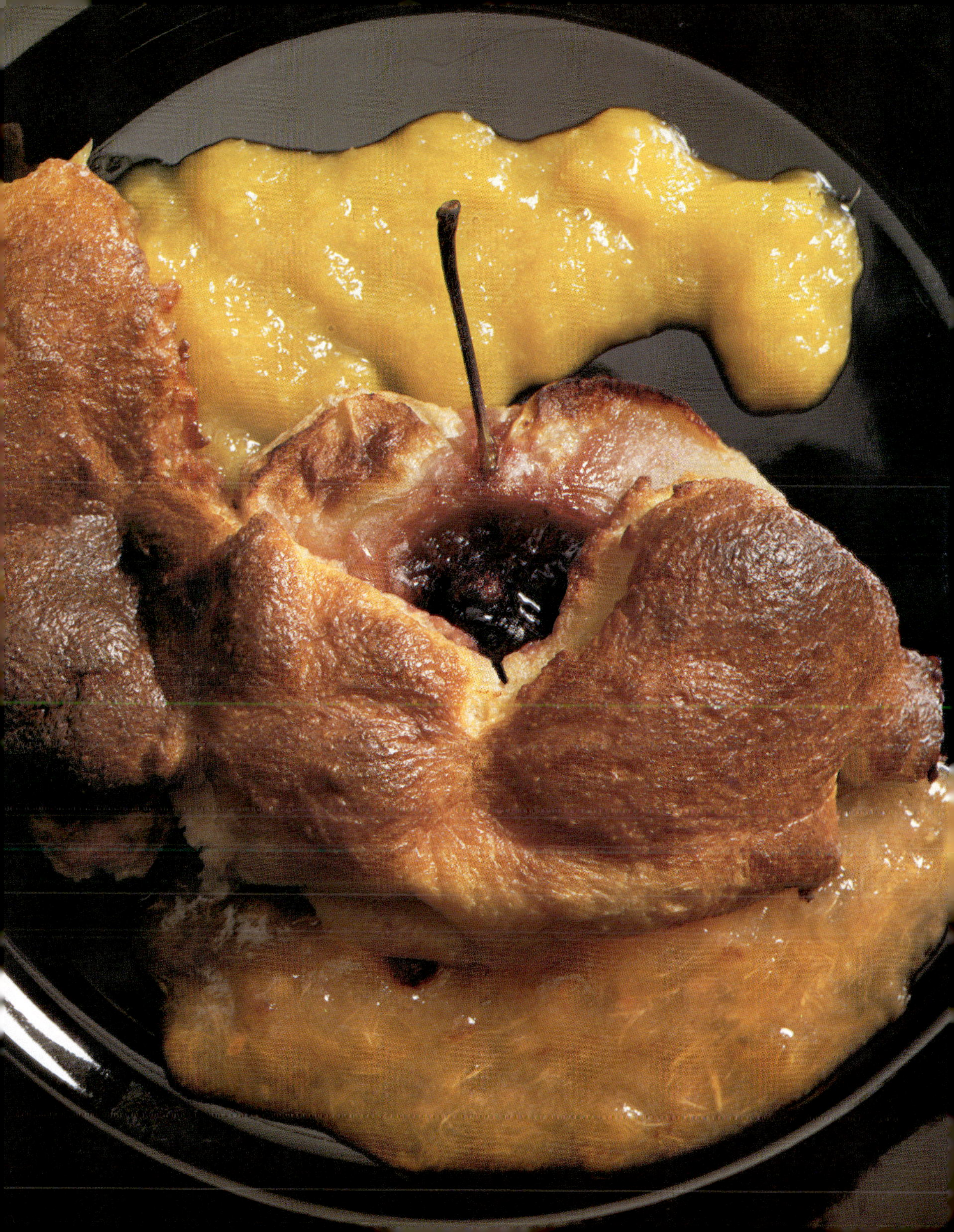

28 Reisauflauf Moreira

3 rote Zwiebeln
1 EL Olivenöl
250 g kaltes, gebratenes Schweinefleisch
5 vollreife, geschälte Fleischtomaten
250 bis 300 g körnig gekochter Langkornreis
Salz, Pfeffer
Paprikapulver, edelsüß
250 g Krabben
4 Eier

Die geschälten Zwiebeln in Scheiben schneiden und in dem heißen Öl hell bräunen. Das Fleisch in Würfel oder dünne Streifen schneiden. Die Tomaten in Scheiben oder Viertel schneiden, vorher jedoch die Stengelansätze entfernen.

Den warmen Reis mit den Gewürzen abschmecken, die Krabben daruntermischen und die Reismasse in kleinen Lagen im Wechsel mit Zwiebeln, Fleisch und Tomaten in eine gefettete Auflaufform füllen. Die Eier mit Salz und Pfeffer verquirlen und so darüber verteilen, daß sie etwas in den Auflauf hineinlaufen.

Das Gericht bei mittlerer Hitze (E-Herd 200 °C, G-Herd Stufe 3) 20 bis 30 Minuten backen.

Beilage: Blattsalat.

29 Chinesische Reispfanne

30 g getrocknete Spitzmorcheln
150 bis 200 g Langkornreis
5 bis 6 EL Öl
1 feingewiegte Zwiebel
100 g gekochtes Hühnerfleisch
oder gebratenes Schweinefleisch (Rest)
1 oder 2 Bambussprossen aus der Dose
2 grobgeraspelte Karotten
Chinagewürz
Öl
4 Eier
Salz
Paprika

Die Morcheln etwa 3 Stunden einweichen, gut abspülen, dann abtropfen lassen.

Den Reis in kochendes Salzwasser einstreuen und 15 Minuten bei geringer Hitze kochen. Auf einem Sieb mit kaltem Wasser abschrecken, abtropfen und erkalten lassen.

Das Öl in einer größeren Pfanne erhitzen, die Zwiebelstückchen, das kleingeschnittene Fleisch, die in Scheiben geschnittenen Bambussprossen und die Morcheln dazugeben. Alles unter Rühren leicht anbraten. Dann den gut abgetropften Reis und die geraspelten Karotten daruntermischen. Nochmals erhitzen und zuletzt würzig abschmecken.

In wenig heißem Öl 4 Spiegeleier backen, etwas Salz darüberstreuen und die Spiegeleier auf dem gebackenen Reis anrichten. Paprika darüberstreuen.

30 Dänisches Omelett

40 g Butter oder Margarine
30 g Mehl
1/4 l Wasser
1/4 l süße Sahne
2 EL Tomatenmark
Salz
geriebene Muskatnuß
Zitronensaft
3 Tassen Jakobsmuscheln aus dem Glas
oder Muscheln aus der Dose

für den Teig:
6 Eigelb
4 EL Mehl
6 EL saure Sahne oder Buttermilch
2 EL Wasser
1/2 TL Salz
2 EL kleingeschnittener Schnittlauch
6 Eiweiß
1 bis 2 EL Bratfett

Die Butter oder Margarine erhitzen, das Mehl hinzufügen und unter Rühren hellgelb werden lassen. Wasser und Sahne unter Rühren hinzufügen und die Sauce etwa 10 Minuten bei verminderter Hitze kochen lassen. Das Tomatenmark darunterrühren, die Sauce würzig abschmecken und dann die abgetropften Muscheln dazugeben.

Für den Teig die Eigelbe mit Mehl, saurer Sahne oder Buttermilch, Wasser, Salz und Schnittlauch mischen. Die Eiweiße steif schlagen und darunterheben.

Etwas Fett in einer Pfanne erhitzen und je ein Viertel des Teiges dazugeben. Die Omeletts in 2 bis 3 Minuten stocken und dann auf eine Platte gleiten lassen. Jeweils etwas von der Sauce mit den Muscheln auf die Omeletts verteilen, diese zusammenrollen und warm stellen, bis alle Omeletts fertig sind.

1980

31 Baskische Piperade

4 grüne Paprikaschoten
4 geschälte Tomaten aus der Dose
1/2 Sträußchen Petersilie
20 g Butter oder Margarine
1/4 TL Selleriesalz
4 Eier
50 g in Scheiben geschnittenes Bündner Fleisch

Die Paprikaschoten aufschneiden, entkernen, waschen, in Streifen und die Tomaten in kleinere Stücke schneiden. Die Petersilie waschen, abtrocknen und kleinhacken.

Butter oder Margarine in einer Pfanne erhitzen. Die Paprikaschotenstreifen unter Rühren etwa 10 Minuten darin dünsten. Die Tomaten hinzufügen und 5 Minuten mitschmoren. Mit Selleriesalz würzen. Die Eier verquirlen, die Petersilie unterrühren, über das Gemüse geben und stocken lassen.

Das Gericht, mit Bündner Fleisch garniert, auf einer vorgewärmten Platte servieren.

Beilage: Weiß- oder Graubrot.

32 Fondue Brillat-Savarin

6 Eier
200 g geriebener Sbrinz
100 g weiche Butter
1 gute Prise frisch gemahlener Pfeffer
etwa 400 g Weißbrotwürfel

Die Eier in einem Topf aufschlagen und mit dem elektrischen Handrührgerät oder dem Schneebesen schaumig schlagen. Den Käse und nach und nach die Butter stückchenweise unter weiterem Schlagen dazugeben. Die Ei-Käse-Masse unter Rühren erhitzen und so lange leise kochen lassen und weiterrühren, bis die Masse dicklich ist. Mit dem Pfeffer würzig abschmecken. Schnell in eine Schüssel füllen und sofort servieren.

Weißbrotwürfel mit einer Gabel in das Fondue tauchen.

Dazu gibt es einen spritzigen Moselwein.

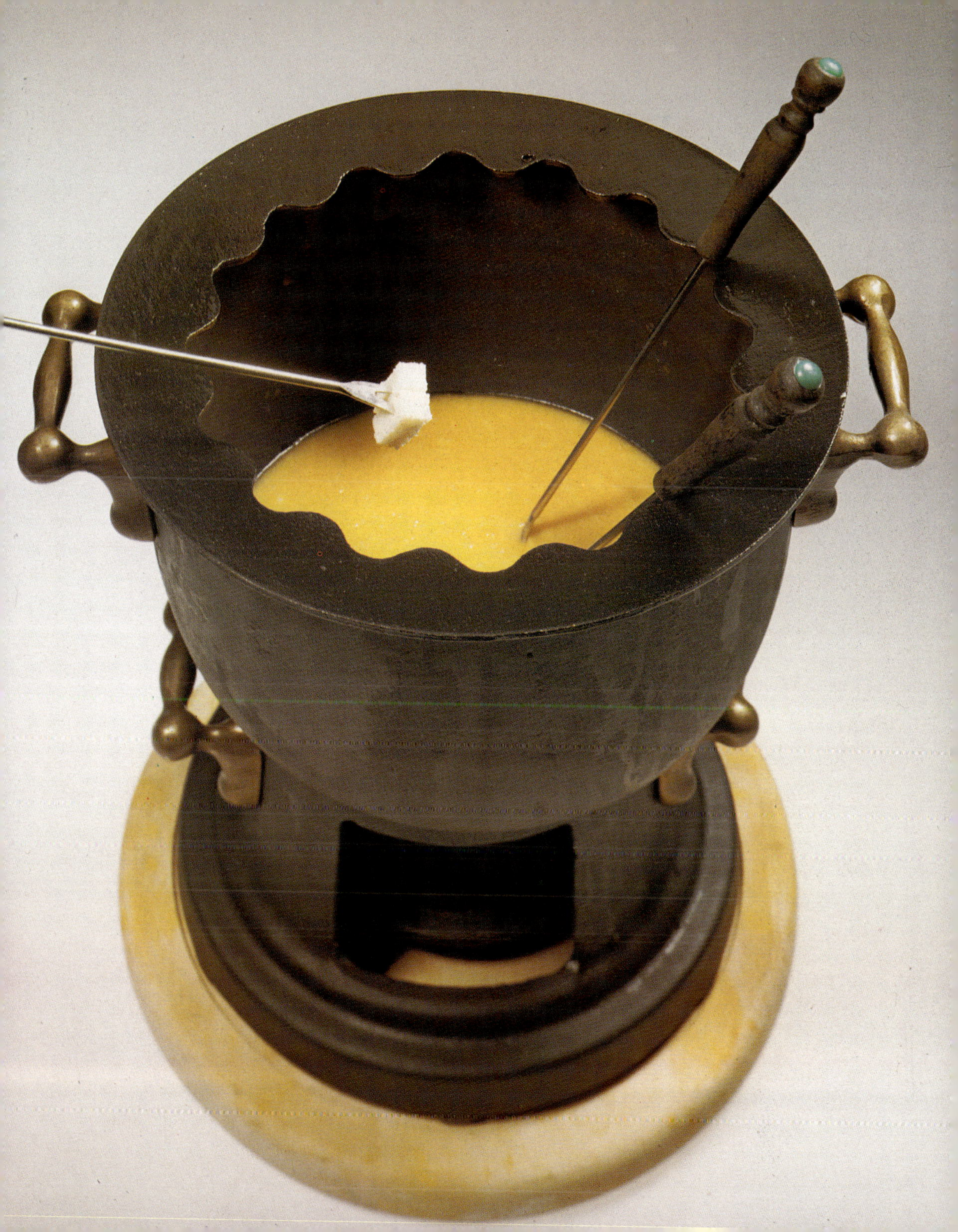

33 Katalanische Eierpfanne

200 bis 250 g gekochter Schinken
2 feingehackte Zwiebeln
4 EL Olivenöl
ein paar Tropfen Knoblauchwürze
oder 1 zerdrückte Knoblauchzehe
2 rote Paprikaschoten
2 bis 3 EL Würfelbrühe
8 Eier
5 bis 8 mit Paprika gefüllte spanische Oliven

Den Schinken in größere Stücke schneiden und mit den Zwiebelstückchen in dem heißen Öl leicht bräunen. Flüssige Knoblauchwürze oder kleingehackte Knoblauchzehe dazugeben. Die Paprikaschoten entkernen, weiße Scheidewände entfernen und die Schoten in dünne Streifen schneiden, dann zu dem Schinken-Zwiebel-Gemisch geben, mit Würfelbrühe angießen und bei geringer Hitze 8 bis 10 Minuten dünsten. Die Eier aufschlagen, darübergeben und fest werden lassen. Mit Olivenscheiben garnieren.

Das Gericht sollte, wie es in Spanien üblich ist, in einer großen, breiten Pfanne zubereitet werden. Ist eine solche Pfanne nicht vorhanden, wird empfohlen, die Eierspeise in 2 Pfannen zuzubereiten.

34 Brioche Surprise

4 EL lauwarme Milch
150 g Butter oder Margarine
3 Eier
1/2 TL Salz
350 g Mehl
20 g frische Hefe
1 TL Zucker
1 bis 2 verquirlte Eigelb zum Bestreichen
8 kleinere hartgekochte Eier

Lauwarme Milch, Butter oder Margarine, Eier, Salz und Mehl in eine Schüssel geben. Hefe zerkrümeln, darüber verteilen und mit dem Knethaken des elektrischen Handrührgeräts zuerst auf niedriger, dann auf höchster Schaltstufe so lange kneten, bis sich der Teig von der Schüssel löst. Etwas Mehl darüberstäuben und den Teig zugedeckt an einem warmen Ort gehen lassen, bis er sich etwa verdoppelt hat. 8 Briocheförmchen gut einfetten. Von dem Teig 8 größere und 8 kleinere Kugeln formen und in jedes Förmchen zuerst die großen Kugeln geben und dann die kleineren daraufsetzen. Brioches mit Eigelb bestreichen, noch einmal etwa 30 Minuten gehen lassen und im vorgeheizten Backofen bei guter Hitze, E-Herd 200 bis 225 °C, G-Herd Stufe 3 bis 4, etwa 30 Minuten backen. Brioches erkalten lassen, einen Deckel abschneiden, etwas Platz für die Eier machen und diese geschält hineinsetzen. Brioches mit aufgelegtem Deckel dann anrichten.

35 Italienisches Eierragout

200 g Reis
Würfelbrühe
40 bis 50 g Butter oder Margarine
1 oder 2 rote Paprikaschoten
2 bis 3 Tomaten
6 gefüllte Oliven
1 kleines Paket (300 g) tiefgefrorene Erbsen
3 EL Olivenöl
Meersalz
1/8 l Weißwein
1 Messerspitze Zucker
1 gute Prise Paprikapulver, edelsüß
3 Eier
2 EL Mandelstifte oder -blättchen aus dem Beutel

Den Reis in reichlich kochender Würfelbrühe 15 bis 20 Minuten leicht sprudelnd garen.

4 Tassen mit Butter oder Margarine fetten. Die Paprikaschoten aufschneiden, von den Kernen und Scheidewänden befreien, waschen und in Würfel schneiden. Die Tomaten waschen und vierteln. Die Oliven in Scheiben schneiden.

Im restlichen Fett die Erbsen etwa 6 Minuten dünsten, unter den kurz abgetropften Reis mischen, in die gefetteten Tassen drücken und warm stellen.

Für das Ragout das Olivenöl in einer Pfanne erhitzen. Die Paprikaschotenwürfel etwa 10 Minuten und die Tomatenviertel etwa 3 Minuten darin dünsten. Salz darüberstreuen und ab und zu umrühren. Weißwein zugießen und mit Zucker und Paprikapulver würzen. Die Eier aufschlagen, auf das Gemüse gleiten und stocken lassen.

Reis in den Tassen auf eine vorgewärmte Platte stürzen, Mandeln darauf verteilen und darum herum das Eierragout anrichten. Mit Olivenscheiben garnieren.

36 Eier auf Feldsalat mit Kaviar

200 g Feldsalat
$1^1/_2$ l Wasser
3 EL Essig
8 Eier
30 g Butter oder Margarine
1 kleingehackte Zwiebel
4 EL Tomatenmark
2 Eigelb
$^1/_8$ l Schlagsahne
je 1 Prise Salz, Pfeffer, Zucker
4 EL Öl
2 EL Kräuteressig
1 TL Sojasauce
50 g deutscher Kaviar
einige Tomatenachtel

Den Feldsalat putzen, waschen und auf einem Sieb abtropfen lassen oder in einer Salatschleuder trocknen.

Wasser mit Essig zum Kochen bringen. Die Eier nacheinander in eine Schöpfkelle oder Tasse aufschlagen (aufpassen, daß das Eigelb nicht verletzt wird), in das kochende Essigwasser gleiten lassen und 5 bis 7 Minuten leise köcheln, keinesfalls sprudelnd kochen lassen. Die Kochzeit richtet sich danach, ob man die Eier weicher oder fester wünscht. Die Eier mit einem Schaumlöffel vorsichtig herausnehmen und auf Küchenkrepp abtropfen lassen. Den Rand glattschneiden.

Butter oder Margarine in einem kleinen Topf erhitzen, die Zwiebelstückchen glasig dünsten, Tomatenmark, Eigelbe, Schlagsahne und Gewürze dazugeben und bei mäßiger Hitze cremig schlagen.

Den Feldsalat auf einer Platte anrichten. Öl, Kräuteressig und Sojasauce verrühren und über den Salat verteilen. Die pochierten Eier darauf anrichten, mit der cremigen Sauce überziehen und mit Kaviar garnieren.

37 Quarkeier

6 hartgekochte Eier
3 Tomaten
1/2 Salatgurke
500 g Magerquark
1 Magerjoghurt
2 EL Zwiebelwürfel
1 TL Selleriesalat
1/4 TL edelsüßes Paprikapulver

Die Eier schälen, in Viertel schneiden und auf eine Platte legen. Die Tomaten waschen und in Scheiben schneiden. Das Gurkenstück schälen, auch in Scheiben schneiden und diese mit den Tomatenscheiben zwischen die Eiviertel verteilen.

Den Magerquark mit dem Joghurt schaumig schlagen. Die Zwiebelwürfel daruntermischen und diese Masse mit den Gewürzen pikant abschmecken, dann so über das Ganze verteilen, daß Eier und Gemüse noch zu sehen sind.

Beilage: Dreikornbrot mit Butter.

38 Eiermännchen

4 Tomaten
50 g Bierschinken
4 TL Salatmayonnaise
4 hartgekochte Eier
4 größere Salatblätter

Die Tomaten waschen, einen kleinen Deckel abschneiden und das Fruchtmark herauslösen. Die Haut von dem Bierschinken entfernen, ihn in sehr kleine Stücke schneiden, unter die Mayonnaise mischen und die Masse in die Tomaten füllen. Die Eier schälen und in die Tomaten setzen.

Die Salatblätter waschen, abtropfen lassen und jede Tomate auf ein Salatblatt setzen.

Beilage: Stangenweißbrot.

39 Kolumbus-Eier

8 hartgekochte Eier
2 Scheiben gekochter Schinken
1 größere Gewürzgurke
4 EL Mayonnaise
1/4 Kopf Frisée-Salat
Salz, Pfeffer
2 bis 3 EL Öl
1 bis 2 EL Essig
3 bis 4 Radieschen

Die Eier schälen und halbieren, aber nicht der Länge, sondern der Breite nach. Die Eigelbe vorsichtig herausnehmen und mit einer Gabel zerdrücken. Schinken und Gurke fein wiegen, dann mit der Mayonnaise unter die Eigelbe ziehen. Mit dieser Mischung jeweils eine Eihälfte füllen und mit der zweiten Eihälfte wieder zu einem ganzen Ei zusammensetzen.

Den Frisée-Salat gut waschen, abtropfen lassen und wie Endiviensalat in Streifen schneiden. Aus den restliche Zutaten, die Radieschen ausgenommen, eine Salatsauce rühren, über den Frisésalat verteilen und leicht unterziehen. In einer Schüssel anrichten. Von den Eiern, damit sie stehen können, je eine Scheibe abschneiden. Die Eier aufrecht auf dem Salat anrichten.

Die Radieschen waschen, in Scheiben schneiden und den Salat damit garnieren.

Anstelle der Radieschen können auch kleine Walnußstückchen verwendet werden.

40 Tomateneier

8 größere Tomaten
5 bis 6 EL Semmelbrösel
3 EL Olivenöl
4 Eier
Kräutersalz, Pfeffer
Butter
Kaviar
Eichblatt- oder Feldsalat

Die Tomaten waschen, einen Deckel abschneiden und die Tomaten vorsichtig aushöhlen. Semmelbrösel mit Öl verrühren, etwas würzen. Die Eier verquirlen und ebenfalls würzen. Zuerst die Semmelbrösel, dann die Eimasse in die Tomaten füllen.

Butter zerlassen. Die Tomaten dazugeben und im vorgeheizten Backofen (E-Herd 225 °C, G-Herd Stufe 4) backen, bis die Eier fest sind.

Die gefüllten, mit Kaviar verzierten Tomaten auf Eichblatt- oder Feldsalat anrichten.

41 Paniertes Ei auf Karottensalat

4 Eier
1 Eigelb
6 EL Semmelbrösel
2 EL Butter oder Margarine
1 Glas Karottensalat

für die Quarksauce:
250 g 20prozentiger Quark
1 Becher Kefir
3 EL kleingeschnittener Schnittlauch
Röstzwiebeln aus dem Beutel
2 EL Zitronensaft
1 TL Kräutersalz
frisch gemahlener Pfeffer
deutscher Kaviar

Die Eier 6 Minuten kochen, kurz unter fließendem Wasser abschrecken und schälen, dann in dem verquirlten Eigelb und den Semmelbröseln so lange wenden, bis sie von einer dicken Kruste umgeben sind. Das Fett in einer Pfanne erhitzen und die panierten Eier zu schöner Farbe braten.

Den Karottensalat auf einer Platte verteilen und die Eier darauf anrichten.

Für die Sauce den Quark mit Kefir verrühren, Schnittlauch und Röstzwiebeln daruntermischen und mit den Gewürzen pikant abschmecken.

Die Eier mit einer Saucenhaube verzieren, etwas Kaviar darübergeben. Die restliche Sauce gesondert reichen.

42 Eier im grünen Rock

4 große Salatblätter
4 hartgekochte Eier
4 TL Trüffelleberwurst
4 Scheiben gekochter Schinken
4 EL Joghurt oder Crème fraîche
Zitronensaft
Salz, Pfeffer
1 EL feingeriebene Zwiebeln

Die Salatblätter waschen, gut abtropfen lassen oder trockenschleudern.

Die Eier schälen, halbieren, die Innenflächen mit Trüffelleberwurst bestreichen, dann die Eier wieder zusammensetzen.

Jedes Salatblatt mit einer Scheibe gekochten Schinken belegen, darauf das zusammengesetzte Ei geben und einwickeln.

Joghurt oder Crème fraîche mit Zitronensaft, Salz, Pfeffer und Zwiebelmus würzig abschmecken und über die Salatrollen verteilen.

43 Eierplatte Nouveauté

8 hartgekochte Eier
einige vorbereitete Salatblätter
1 Scheibe Räucherlachs
8 Scheiben beliebiger kalter Braten
4 EL kleingehackte Gewürzgurken
4 EL Tomatenketchup
1/8 l Weißwein
1 EL geriebene Zwiebeln
1/4 TL Meersalz
1 Schuß Whisky
2 EL kleingehackte Petersilie

Die Eier schälen, halbieren und auf eine mit Salatblättern ausgelegte Platte legen.

Den Räucherlachs in Streifen schneiden und damit die Eier garnieren.

Rund um die Eier die eingerollten, vorher mit kleingehackten Gewürzgurken gefüllten Bratenscheiben anrichten.

Das Tomatenketchup mit dem Weißwein und den geriebenen Zwiebeln vermischen und mit Meersalz und nur so viel Whisky würzig abschmecken, daß die Sauce cremig bleibt.

Die Sauce über das Fleisch geben und die Petersilie darüberstreuen.

Dazu gibt es Stangenweißbrot oder dunkles Brot, zum Beispiel Schrotbrot, Leinsamen- oder Buchweizenmehlbrot, und Butter.

44 Grapefruit Haifa

2 Grapefruits
1 große, geschälte Tomate
50 g Krabben
6 EL Salatmayonnaise
2 EL Joghurt
1 TL Tomatenketchup
Salz, Pfeffer
2 hartgekochte Eier

Die Grapefruits halbieren. Das Fruchtfleisch herausnehmen. Die weiße Haut, soweit sie noch am Fleisch sitzt, entfernen. Das Fruchtfleisch in kleine Stücke schneiden. Die Tomate kleinschneiden und mit den Krabben unter die Grapefruitstücke mischen.

Die Salatmayonnaise mit Joghurt und Tomatenketchup verrühren und würzig mit Salz und Pfeffer abschmecken. Die Eier schälen und vierteln. Die Hälfte der Eistückchen zu der Mayonnaise geben. Diese mit den Fruchtfleischstückchen vermischen. Die Grapefruithälften damit füllen. Mit den restlichen Eivierteln garnieren.

Dazu gibt es Toast.

45 Kleiner Abendimbiß

4 hartgekochte Eier
4 EL 20prozentiger Quark
1 TL Milch
Meerrettich oder Senf
Salz, Pfeffer
75 g Salami
2 kleine Essiggurken
4 Tomaten
1/4 Salatgurke

Die Eier schälen und der Länge nach halbieren. Die Eidotter herausnehmen und mit einer Gabel zerdrücken. Den Quark mit Milch verrühren und nach Belieben mit Meerrettich oder Senf, Salz und Pfeffer würzig abschmecken. Salami in kleine Würfel schneiden und mit den zerdrückten Eidottern unter den Quark mischen.

Die Eihälften mit der Quarkmischung füllen und mit feingewiegten Essiggurken garnieren.

Die Tomaten waschen, das Gurkenstück schälen. Beides in Scheiben schneiden und im Wechsel ziegelartig auf eine Platte legen. Ein klein wenig salzen. Die gefüllten Eihälften darauf anrichten.

46 Hamburger Toast

400 g geräucherter Aal (pro Person 100 g)
4 Scheiben Toastbrot
30 g Butter
5 Eier
2 EL kleingeschnittener Schnittlauch
Salz
1 EL Butter
4 vorbereitete größere Salatblätter
1 Tomate
1 EL Zitronensaft

Von den Aalstücken Haut und Gräten entfernen. Toastbrote hell im Toaster rösten, etwas abkühlen lassen, mit Butter bestreichen und mit den Aalstücken quer belegen.

Die Eier verquirlen, Schnittlauch und auch etwas Salz dazugeben. Die Butter in einer Pfanne erhitzen, die Eimasse hinzufügen und bei geringer Hitze stocken lassen. Damit das Rührei flockig wird, die Eimasse mit einem Kochlöffel immer wieder strichweise vom Boden lösen. Das Rührei um den Fisch verteilen.

Die Toastbrote auf je ein Salatblatt legen und mit Tomatenachteln garnieren. Nach Belieben über den Aal noch etwas Zitronensaft träufeln.

47 Zigeuner-Imbiß

1 oder 2 gewässerte Sardellen
5 Eier
2 EL kleingehackte Zwiebeln
1 EL Paprikapulver, edelsüß
250 g gemischtes Hackfleisch
Meersalz
60 g Bratfett
2 Fleischtomaten
4 Scheiben Leinsamenbrot
oder anderes dunkles Brot
2 TL Kapern

Die Sardellen kleinhacken. Mit einem Ei, den Zwiebelstückchen und Paprikapulver zu dem Hackfleisch geben. Alles gut vermischen und mit Meersalz abschmecken. Vier Hacksteaks formen. 40 g Fett erhitzen und die Hacksteaks auf beiden Seiten knusprig braten.

Die Tomaten waschen, in Scheiben schneiden und auf die mit Butter bestrichenen Brotscheiben verteilen. Darauf je ein Hacksteak legen.

Restliches Fett erhitzen, Spiegeleier braten und auf den belegten Broten anrichten. Mit Kapern garnieren.

48 Sylter Toast

4 Eier
4 EL Milch
je 1 gute Prise Salz und Pfeffer
1 EL kleingehackte Petersilie
40 g Butter oder Margarine
100 g Nordseekrabben
4 Scheiben Toastbrot
einige Salatblätter
4 in Scheiben geschnittene gefüllte Oliven

Die Eier mit der Milch, Gewürzen und Petersilie verquirlen. Das Fett in einer Pfanne erhitzen. Zuerst die Krabben, dann die Eier dazugeben und diese stocken lassen.

Inzwischen das Toastbrot rösten, mit gewaschenen und abgetropften Salatblättern belegen und das Krabbenrührei darauf anrichten. Mit Olivenscheiben garnieren.

49 Toast London Style

4 Scheiben Weißbrot
200 g Tatar (gehacktes Rindfleisch)
1/4 TL gemahlener Ingwer
1/2 TL zerstoßener Koriander
1/2 EL Chilisauce (süß)
Salz
30 g Fett
200 g blättrig geschnittene Champignons oder Pfifferlinge aus der Dose
4 Eier
Zitronensaft
2 TL Kapern

Die Weißbrotscheiben auf einer Seite toasten.

Das Tatar mit den Gewürzen vermischen. Nach Geschmack noch mit Salz würzen. Die Hälfte des Fettes in einer Pfanne erhitzen. Das Tatar nur kurz und ganz leicht anbraten.

Inzwischen die Pilze erhitzen und in einer zweiten Pfanne mit dem restlichen heißen Fett Spiegeleier braten. Die Pilze nach Geschmack mit Salz und Zitronensaft würzen.

Das kurz angebratene Tatar auf der ungetoasteten Seite der Weißbrote verteilen und die Pilze darübergeben. Den Toast mit den Spiegeleiern und einigen Kapern garnieren.

50 Brot Cádiz mit roter Mayonnaise

4 EL Joghurtmayonnaise
2 EL Tomatenmark
Salz, Pfeffer
Zitronensaft
1 Prise Zucker
1 Schuß Weinbrand
1 Dose (200 g) Thunfisch, in Öl eingelegt, ohne Gemüse
4 Scheiben Weißbrot
4 hartgekochte Eier
4 gefüllte Oliven
Kresse

Die Joghurtmayonnaise mit Tomatenmark verrühren. Mit Salz, Pfeffer, Zitronensaft, Zucker und Weinbrand würzig abschmecken. Die Thunfischstücke zerkleinern, unter die Mayonnaise mischen und auf den Brotscheiben verteilen.

Die Eier schälen, in Scheiben schneiden und ziegelartig auf den Broten anrichten. Mit den in Scheiben geschnittenen Oliven garnieren, außerdem etwas Kresse kranzartig auflegen.

51 Schwarzwälder Toast

2 bis 3 Tomaten
4 Scheiben Graubrot
20 g Butter
4 Scheiben Schwarzwälder Rauchfleisch
4 Scheiben Emmentaler Käse
20 g Fett
4 Eier

Den Grill oder den Backofen vorheizen.

Die Tomaten waschen und in Scheiben schneiden. Die Graubrote toasten, mit der Butter bestreichen, mit dem Rauchfleisch und den Käsescheiben belegen.

Die Brote in den vorgeheizten Grill oder Backofen schieben und nur so lange überbakken, bis der Käse zu schmelzen beginnt. Inzwischen rasch das Fett in einer Pfanne erhitzen und Spiegeleier braten.

Auf jede Toastscheibe ein Spiegelei legen und mit Tomatenscheiben garnieren.

52 Lachseier

8 hartgekochte Eier
12 Scheiben Räucherlachs
16 kleine, runde Weißbrotscheiben
1 Glas Sardellenfilets
1 Gläschen Kapern

Die hartgekochten Eier schälen und halbieren.

Die Räucherlachsscheiben in derselben Größe wie die Weißbrotscheiben schneiden und mit den Eihälften auf diese legen. Die Sardellenfilets in 16 schmale Streifen schneiden und kreuzweise über die Lachseier geben.

Mit Kapern garnieren und auf einer Platte anrichten.

53 Rühreivariationen

8 Eier
8 EL Milch oder Wasser
Salz
2 EL kleingehackte Küchenkräuter
1 EL kleingehackte Zwiebeln
50 g kleine Salami- oder Schinkenstückchen
50 g kurz angebratenes, gewürztes Hackfleisch
50 g kleingehackter Räucherlachs

Die Eier mit Milch oder Wasser und wenig Salz verquirlen und in vier Portionen teilen. Unter das erste Viertel die Küchenkräuter mit den Zwiebelstückchen rühren, dann unter das zweite Viertel Salami- oder Schinkenstückchen, unter das dritte Viertel angebratenes Hackfleisch und unter das letzte Viertel die Räucherlachsstücke.

Die Rühreiportionen jeweils gesondert in der heißen Butter bei schwacher Hitze langsam stocken lassen. Leicht umrühren und darauf achten, daß das Rührei großflockig ist. Das Rührei wird besonders locker, wenn im Moment des Stockens noch ein Stückchen Butter dazugegeben wird.

54 Rindfleischsalat Leonhard

200 g gekochtes Rindfleisch (Rest)
200 g Champignons aus der Dose
150 g rote Paprikaschotenstreifen aus dem Glas
2 Gewürzgurken
1 große Zwiebel
1 TL Senf
3 bis 4 EL Öl
3 bis 4 EL Weinessig
1 TL Salz
1 gute Prise Pfeffer
4 hartgekochte Eier

Das Rindfleisch in kleine Würfel schneiden. In eine Schüssel geben. Die Champignons und die Paprikaschotenstreifen auf einem Sieb abtropfen lassen und zu dem Fleisch geben. Die Gewürzgurken in dünne Scheiben schneiden oder kleinhacken, die Zwiebel schälen und fein hacken. Beides mit der Fleischmasse gut vermischen.

Für die Marinade Senf, Öl, Essig und Gewürze verrühren. Zu den Salatzutaten geben und gut vermischen. Den Salat kühl stellen und durchziehen lassen.

Die Eier schälen und vierteln. Den Salat vor dem Servieren damit garnieren.

Beilage: als Mittagessen Bratkartoffeln, als Abendessen oder Imbiß Toast mit Butter.

55 Eiersalat Juliane

1 kleiner Kopfsalat, römischer Salat oder Frisée-Salat
1 Bund Radieschen
6 hartgekochte Eier
3 Tomaten
1 Ecke Frischkäse
1 Joghurt
1 TL scharfer Senf
1 Messerspitze scharfes Paprikapulver
2 EL kleingeschnittener Schnittlauch

Die schlechten Salatblätter entfernen, die guten Blätter des Kopfsalates zerteilen, waschen und auf einem Sieb abtropfen lassen. Die Radieschen putzen, waschen und in Scheiben schneiden. Die hartgekochten Eier schälen und mit dem Eiteiler schneiden. Die Tomaten waschen, nach Entfernen der Stielansätze vierteln.

Für die Salatsauce den Frischkäse mit einer Gabel zerdrücken, zu dem Joghurt geben. Mit Senf, Paprikapulver und Schnittlauch zu einer glatten Creme rühren.

Die Salatblätter auf eine Platte legen. Die Eischeiben und Radieschenscheiben im Wechsel darauflegen. Die Joghurtcreme darüber verteilen und den Salat mit den Tomatenvierteln garnieren.

Beilage: Bratkartoffeln.

Variante: Tomaten weglassen, dafür 100 g in Würfel geschnittene Fleischwurst verwenden.

56 Champignonsalat mit Kresse

500 g frische Champignons
2 Tomaten
150 g Emmentaler Käse oder Gouda
4 hartgekochte Eier
1 Kästchen Kresse
4 EL Öl
1 EL Senf
3 EL Kräuteressig
Salz, Pfeffer

Die Champignons putzen, waschen und blättrig schneiden. Die Tomaten kurz in heißes Wasser legen, häuten und vierteln. Den Käse in Stifte und die geschälten Eier in Achtel schneiden. Alles in eine Schüssel geben. Die Kresse vorbereiten und einen Teil zu den Salatzutaten geben.

Aus Öl, Senf, Essig, Salz und Pfeffer eine Marinade rühren und unter die Salatzutaten mischen.

Den Salat mit der restlichen Kresse garnieren.

57 Hörnchensalat Irmela

200 g Tilsiter Käse
200 g Salami
3 Gewürzgurken
1 Dose (250 g) Erbsen
350 g gekochte Hörnchen (Teigwaren)
5 EL Öl
4 EL Essig
1 TL Senf
einige Tropfen Zwiebelwürze
1/2 TL Selleriesalz
1 gute Prise Pfeffer
3 hartgekochte Eier
1 Tomate

Den Käse, die Salami und die Gewürzgurken in Würfelchen schneiden. Die Erbsen abtropfen lassen. Alles zu den Hörnchen in eine Schüssel geben. Gut vermischen.

Für die Marinade Öl, Essig, Senf, Zwiebelwürze, Selleriesalz und Pfeffer gut verrühren, über die Salatzutaten gießen und vermengen. Den Salat vor dem Anrichten gut durchziehen lassen.

Die Eier schälen, fein hacken und auf dem Salat verteilen.

Mit Tomatenachteln garnieren.

58 Gemüsesalat nach Jean

2 Fleischtomaten
150 g in Scheiben geschnittener Fleischkäse
100 g in Scheiben geschnittener Emmentaler
oder Edamer Käse
1/2 Zwiebel
250 g gegarte grüne Bohnen
3 EL Weinessig
1/2 TL Senf
3 bis 4 EL Sonnenblumenöl
1 TL kleingehackte Petersilie
1 TL kleingeschnittener Schnittlauch
Salz, Pfeffer
3 bis 4 hartgekochte Eier

Die Fleischtomaten waschen, halbieren, Stiel und Kerne entfernen und die Tomaten in kleine Stücke schneiden. Fleischkäse und Emmentaler oder Edamer Käse in Stifte schneiden. Die geschälte Zwiebelhälfte kleinhacken. Alles zu den Bohnen geben und vermischen.

Für die Marinade Essig mit Senf verrühren, Sonnenblumenöl und Kräuter dazugeben, würzig abschmecken und über die Salatzutaten gießen. Gut mischen.

Die Eier schälen, vierteln und den Salat damit garnieren.

59 Salat Madame

6 hartgekochte Eier
500 g frische Champignons
1 kleine Dose Artischockenböden
150 g gekochter Schinken
100 g Mayonnaise
3 EL Zitronensaft
1 Becher Joghurt
1 TL Senf
Salz, Pfeffer, Paprikapulver

Die Eier schälen, fünf Eier in Scheiben, das sechste Ei für die Garnitur in Viertel schneiden. Die Champignons putzen, waschen und blättrig schneiden. Die Artischockenböden in kleinere Würfel und den Schinken in dünne Stifte schneiden. Alles – die Eischeiben vorsichtig, damit sie nicht so sehr zerfallen – in eine Schüssel geben.

Für die Sauce die Mayonnaise mit Zitronensaft, Joghurt und Senf cremig rühren und mit den restlichen Gewürzen pikant abschmecken. Erst kurz vor dem Servieren über die Salatzutaten gießen. Mit den Eivierteln garnieren.

60 Rotgelber Kuttelsalat

500 g gekochte Kutteln
4 Tomaten
4 hartgekochte Eier
1/4 bis 1/2 TL Kräutersenf
Salz, Pfeffer
2 bis 3 EL Weinessig
2 bis 3 EL Sonnenblumenöl
1 Zweig Estragon
2 EL kleingeschnittener Schnittlauch

Die Kutteln in feine Streifen schneiden. Die Tomaten waschen, vierteln und nach Entfernen von Stielansatz und Kernen in kleine Stücke schneiden. Die Eier schälen, vierteln und mit den Tomatenstücken zu den Kutteln geben.

Aus Senf, Gewürzen, Essig und Öl eine Marinade rühren und abschmecken. Über die Salatzutaten verteilen und vorsichtig daruntermischen.

Estragonblättchen kleinhacken und zu dem Schnittlauch geben. Beides erst dann über dem Salat verteilen, wenn angerichtet wird.

61 Eiersalat Kopenhagen auf Toast

6 hartgekochte Eier
200 g Lachsschinken
4 Scheiben Dreikorn-Toastbrot
4 Salatblätter oder
  entsprechend zerkleinerter Frisée-Salat
$^{1}/_{10}$ l Schlagsahne
1 EL Meerrettich

Die geschälten Eier fein hacken und mit den Lachsschnitzeln vermischen. Die Toastbrotscheiben rösten. Je ein Salatblatt oder etwas Frisée-Salat auf die Brotscheiben geben und darüber das Eier-Lachsschnitzel-Gemisch verteilen.

Die Schlagsahne steif schlagen und mit Meerrettich würzig abschmecken. Damit die Brote garnieren.

Anstelle von Toastbrot kann zur Abwechslung auch Buchweizenbrot verwendet werden.

62 Französischer Käsesalat

100 g Edamer
100 g Emmentaler
100 g Gouda
1 kleine rote Paprikaschote
1 kleine grüne Paprikaschote
2 EL Zwiebelwürfel
1 Knoblauchzehe
2 bis 3 EL Essig
3 EL Öl
Salz
Cayennepfeffer
2 EL Schnittlauchröllchen
2 bis 3 hartgekochte Eier

Den Käse in Würfel schneiden. Paprikaschoten aufschneiden, Kerne und Scheidewände entfernen, Schoten gut waschen und in kleine Würfel oder in dünne Streifen schneiden. Mit den Zwiebelwürfeln unter den Käse mischen. Eine Schüssel mit der Knoblauchzehe ausreiben. Aus Essig, Öl und den Gewürzen eine Salatsauce rühren, Schnittlauchröllchen dazugeben, über die Salatzutaten gießen, etwas vermischen und durchziehen lassen. Die Eier schälen, vierteln und kurz vor dem Anrichten den Salat damit garnieren.

63 Russische Zimtcreme

6 Eigelb
50 g Zucker
1 TL gemahlener Zimt
5 EL Weinbrand
1 Paket Sahnehaltemittel
1/8 l Milch
6 Cocktailkirschen aus dem Glas

Die Eigelbe mit dem Zucker und Zimt so lange mit dem Rührgerät schlagen, bis beim Kosten kein Zucker mehr zu spüren ist. Nach und nach den Weinbrand dazugeben. Die Creme nochmals kurz schlagen. Das Sahnehaltemittel nach Anweisung mit der Milch im Rührgerät schlagen und 3/4 davon unter die Eigelbmasse ziehen.

Die Creme in Cocktailgläser oder in kleine Schälchen verteilen. Restliches Viertel in einen Spritzbeutel füllen und die Creme mit Sahnetupfen und Cocktailkirschen garnieren. Die Sahnetupfen mit einem Hauch Zimt überpudern.

Die Creme bis zum Servieren am Abend in den Kühlschrank stellen.

Variante: Zimt weglassen und statt Weinbrand Portwein verwenden.

64 Himbeeren mit Weinschaumcreme

250 bis 300 g Himbeeren
90 g Zucker
3 Eier
1 TL Mondamin®
1/8 l herber Weißwein
2 EL Himbeergeist
einige Suppenmakronen

Die Himbeeren vorbereiten, 2 bis 3 Eßlöffel Zucker darüberstreuen. Das Obst auf Gläser verteilen. Ungezuckerte Himbeeren zum Garnieren zurückbehalten.

Die Eier trennen. Mondamin® mit Weißwein verrühren, restlichen Zucker, Himbeergeist und die Eigelbe dazugeben und bei milder Hitze so lange schlagen, bis die Masse anfängt, dicklich zu werden, und hochsteigt. Eiweiße steif schlagen und darunterziehen.

Die Weinschaumcreme auf die Himbeeren füllen und jedes Glas mit je einer Himbeere und mit etwas zerkleinerten Suppenmakronen garnieren.

65 Aprikosenspeise Lukull

500 g Aprikosen
3 bis 4 EL Apricot Brandy
4 Blatt weiße Gelatine
2 Eier
100 bis 125 g Zucker
3/8 l saure Sahne
1 bis 2 EL abgezogene und gehackte Pistazien

Die Aprikosen gut waschen und entsteinen. 4 Fruchthälften zurücklegen. Die restlichen Früchte im Mixer pürieren. Apricot Brandy darunterrühren. Gelatine in kaltem Wasser einweichen. Die Eier trennen. Für die Creme Eigelbe mit Zucker und Sahne schaumig schlagen. Die Gelatine ausdrücken, im Wasserbad auflösen und unter den Sahneschaum rühren. Die Eiweiße steif schlagen und den Eischnee darunterheben.

Aprikosenpüree im Wechsel mit der Sahnecreme in einer Glasschale oder in hochrandigen Dessertschalen anrichten. Mit Sahnecreme abschließen und mit den zurückbehaltenen Fruchthälften und Pistazien garnieren.

66 Zitronenschaum

3 bis 4 Eiweiß
3 bis 4 EL Zucker
1 ganzes Ei
3 Eigelb
2 EL Zitronensaft
einige Cocktailkirschen, Schokoladenraspel oder gehackte Pistazien

Die Eiweiße zu steifem Schnee schlagen, dann die Hälfte des Zuckers dazugeben und nochmals gut durchschlagen. Den Eischnee beiseite stellen.

Das ganze Ei in einem Topf mit dem restlichen Zucker schaumig rühren, den Zitronensaft zugießen und alles mit dem Schneebesen bei geringer Hitze so lange schlagen, bis sich am Rand des Topfes Kochblasen bilden. Wenn die Creme schaumig und dick wird, den Topf von der Kochstelle nehmen und den Eischnee langsam unterziehen.

Den Zitronenschaum in Schälchen anrichten und kalt stellen.

Mit Cocktailkirschen, Schokoladenraspeln oder gehackten Pistazien garniert servieren.

67 Erdbeercreme Betty

250 g Erdbeeren
6 EL Irish Cream Liqueur
20 g Mondamin®
1/4 l Milch
4 Eigelb
60 bis 70 g Zucker
1 Becher (200 g) süße Sahne
2 EL gebräunte Mandelstifte

Die Erdbeeren waschen, abtropfen lassen und die Stengelansätze entfernen. Einige Erdbeeren unzerteilt zum Garnieren beiseite legen. Die übrigen Früchte in kleine Stücke schneiden. 3 Eßlöffel Irish Cream Liqueur leicht daruntermischen und zugedeckt beiseite stellen.

Mondamin® mit 2 Eßlöffel Milch anrühren. Die restliche Milch erhitzen und mit dem angerührten Mondamin® binden. Eigelbe mit Zucker schaumig rühren und dazugeben. Kurz abkühlen lassen und mit dem restlichen Irish Cream Liqueur verfeinern. Eiweiße und Schlagsahne steif schlagen und unter die erkaltete Creme heben.

Die Creme im Wechsel mit den Erdbeeren in eine Schüssel oder in Gläser füllen und die Mandelstifte darüberstreuen. Mit den zurückbehaltenen Erdbeeren garnieren.

68 Fruchtgrütze mit Vanillesauce

500 g frische oder tiefgekühlte Johannisbeeren
150 g frische oder tiefgekühlte Himbeeren
1 l Wasser
125 g Zucker
70 g Mondamin® pro 1 l Fruchtmark und Saft

für die Sauce:
1/2 Schote Vanille
1/2 l Milch
50 g Zucker
4 Eigelb

Frische Johannisbeeren waschen und entstielen, Himbeeren nur verlesen. Die Früchte, von denen einige zum Garnieren benötigt werden, in Wasser mit Zucker etwa 5 Minuten leise kochen. Tiefgekühlte Früchte vorher nicht auftauen. Fruchtmark mit Saft abmessen, in den Topf zurückgeben und zum Kochen bringen. Mondamin® mit wenig kaltem Wasser verrühren und das Fruchtmark damit binden. In eine kalt ausgespülte Schüssel oder in Cocktailgläser füllen und erkalten lassen.

Für die Sauce die Vanilleschote längs aufschlitzen und das Mark herauskratzen. Die Schote mit Mark, Milch und Zucker bei geringer Hitze etwa 3 Minuten kochen lassen. Schote entfernen. Die Eigelbe mit etwas heißer Milch verquirlen, unter Schlagen in die nicht kochende Milch einrühren und über Dampf dann so lange weiterschlagen, bis die Sauce leicht cremig ist. Die erkaltete Sauce über die aus der Schüssel gestürzte Fruchtgrütze oder über die Grütze in den Cocktailgläsern gießen.

Das Gericht mit den zurückbehaltenen ganzen Früchten garnieren.

69 Orangencreme Mameia

5 Blatt weiße Gelatine
3 Eier
80 g Zucker
1/4 l frisch ausgepreßter Orangensaft
2 EL kleingehackte Walnüsse
1 kleine Dose Mandarinenspalten
1/8 l Schlagsahne
3 bis 4 EL Orangenlikör oder Eierlikör
1 Kiwi

Die Gelatine in kaltem Wasser einweichen. Die Eier trennen. Eigelbe und Zucker schaumig rühren. Nach und nach den Orangensaft, die Walnußstückchen und die aufgelöste, ausgedrückte Gelatine unter Schlagen dazugeben. Sobald die Creme anfängt zu gelieren, die abgetropften Mandarinenspalten, den steifgeschlagenen Eischnee und die steifgeschlagene Sahne darunterziehen.

Die Creme in eine Glasschale füllen und kalt stellen. Vor dem Servieren Orangenlikör oder Eierlikör darüber verteilen. Kiwi dünn schälen, in Scheiben schneiden und die Creme damit garnieren. Nach Belieben auch noch mit Schlagsahnetupfen verzieren.

70 Fruchtschaum Annelie

1 Dose Cocktailfrüchte
(Einwaage 425 g, Nettoeinwaage ohne Flüssigkeit 250 g)

15 g Butter
1 Beutel Mandelstifte
1 EL Zucker
4 Eiweiß
1 EL Zitronensaft
100 g Puderzucker

Die Cocktailfrüchte auf ein Sieb geben und gut abtropfen lassen.

Butter in einer Pfanne erhitzen, Mandelstifte hell rösten, dann Zucker dazugeben und kurz mitrösten. Die Eiweiße mit Zitronensaft steif schlagen, nach und nach Puderzukker dazugeben und mitschlagen. Der Eiweißschaum haben muß ganz steif sein.

Die Cocktailfrüchte unter den Eiweißschaum und in Glasschälchen füllen. Die Mandelstifte darüber verteilen und das Dessert sofort auf den Tisch bringen, ehe es zusammenfällt.

Anstelle von Cocktailfrüchten können auch frische Erdbeeren oder Himbeeren verwendet werden. Dieser Fruchtschaum ist rasch zubereitet.

71 Schokoladencreme Ariane

Etwa 1/2 l Wasser
300 g bittere Markenschokolade
5 EL Milch
3 Eigelb
3 EL Zucker
3/8 l süße Sahne
3 EL Kirschwasser
1 große Dose Fruchtcocktail
2 EL Ananasstückchen aus der Dose
3 EL Mandelstifte aus dem Beutel

Das Wasser zum Kochen bringen, die Schokolade in kleine Stücke brechen, mit der Milch in eine Schüssel geben und über Dampf schmelzen lassen. Gelegentliches Umrühren spart Zeit. Die Eigelbe mit dem Zucker schaumig rühren und unter die flüssige Schokolade mischen. Die Sahne steif schlagen und darunterheben. Nach etwa 10 Minuten das Kirschwasser darunterrühren.

Die Früchte aus der Dose abtropfen lassen, in Cocktailschalen geben und darüber die Schokoladencreme verteilen. In den Kühlschrank stellen. Mit Ananasstückchen und Mandelstiften garnieren.

72 Quark-Charlotte

250 g Löffelbiskuit
Weinbrand oder frisch ausgepreßter Orangensaft
6 Eier
125 g Zucker
1/4 l Milch
250 g Magerquark
2 EL Mandelstifte aus dem Beutel
6 Blatt weiße Gelatine
1 1/2 EL Instantkaffee
1/4 l süße Sahne
250 g frische oder tiefgefrorene Erdbeeren

Den Rand einer kleinen Springform auf eine runde Kuchenplatte setzen. Den Boden und auch den Rand mit Löffelbiskuit auslegen und nach Geschmack mit Weinbrand oder Orangensaft beträufeln.

Die ganzen Eier mit dem Zucker schaumig rühren, die Milch zugießen und bei geringer Hitze unter ständigem Rühren nur einmal aufkochen lassen. Den Quark und die Mandelstifte daruntermischen. Die Gelatine einweichen, ausdrücken und unter die warme Creme rühren. Diese abkühlen lassen und mit Instantkaffee und ein wenig Weinbrand oder Orangensaft abschmecken. Die Sahne steif schlagen, unter die Creme ziehen und in den Tortenring füllen.

Die Erdbeeren waschen und halbieren, tiefgefrorene Früchte auftauen lassen. Sobald die Creme fest ist, den Tortenring lösen, die Quark-Charlotte mit den Erdbeeren garnieren und in nicht zu große Stücke aufschneiden. Auf Glastellerchen anrichten.

73 Wildbader Kirschenbecher

400 g entsteinte Sauerkirschen aus dem Glas
oder frische Früchte
40 g Mondamin®
1/2 l Rotwein
70 bis 80 g Zucker
1 Becher (150 g) Crème fraîche
4 bis 5 EL Eierlikör
Schokoladenstreusel oder 1 Kiwi in Scheiben

Die Kirschen gut abtropfen lassen. Drei Viertel davon pürieren. Das Mondamin® mit wenig Rotwein anrühren. Den restlichen Rotwein mit Zucker aufkochen und mit dem angerührten Mondamin® binden.

Die Creme etwas abkühlen lassen. Kirschenpüree und die restlichen Kirschen daruntermischen und in größere Kelchgläser oder in eine Glasschale füllen. Kalt stellen. Crème fraîche mit Eierlikör verfeinern und vor dem Servieren darüber verteilen.

Das Dessert nach Belieben mit Schokoladenstreuseln oder Kiwischeiben garnieren.

74 Halbgefrorenes Sherrysabayon

2 Eigelb
2 ganze Eier
1/4 l Cream Sherry
30 bis 40 g Zucker
Saft von 1/2 Zitrone
2 Blatt weiße Gelatine
Makronen oder Löffelbiskuit
Schokoladenraspel

Die Eigelbe mit den ganzen Eiern, Cream Sherry, Zucker und Zitronensaft in einer feuerfesten Schüssel verrühren und die Creme im Wasserbad so lange schlagen, bis sie schön steigt und durch und durch schaumig ist. Die Gelatine einweichen, ausdrücken, auflösen und unter die fertige Creme rühren. Sabayon dann in eine Gefrierschale füllen, im Verdampferfach eines Kühlschrankes oder in einer Gefriertruhe leicht anfrieren lassen und auf eine Platte stürzen, in Scheiben schneiden, mit Makronen oder Löffelbiskuit und Schokoladenraspeln verzieren. Kann mit frischen Himbeeren oder Erdbeeren gereicht werden.

75 Fruchtweinsuppe

500 g gemischtes Obst
(Kirschen, Johannisbeeren, Stachelbeeren, Erdbeeren)
1/2 l Wasser
1/2 l herber Weißwein
100 g Zucker
1/2 Stange Zimt
1 Beutel (40 g) kleingehackte Mandeln
30 g Mondamin®
2 Eiweiß
1/2 TL Zitronensaft
1 Banane
1 Kiwi

Die Kirschen waschen und entsteinen. Beeren vorbereiten, waschen und entstielen. Alle Früchte mit Wasser, Weißwein, 60 bis 75 g Zucker, Stangenzimt und Mandeln zum Kochen bringen. Mondamin® mit wenig kaltem Wasser anrühren, unter Rühren in die Obstsuppe geben und kurz aufkochen lassen.

Für die Klößchen Eiweiße steif schlagen, unter Schlagen den restlichen Zucker (etwa 2 Eßlöffel) und etwas Zitronensaft hinzufügen. Mit einem Teelöffel Klößchen abstechen, auf die heiße Suppe setzen und zugedeckt 5 Minuten ziehen lassen.

Banane und Kiwi schälen, in Scheiben schneiden und auf der Suppe anrichten.

Die Suppe kann auch durchpassiert und kalt gereicht werden. Fertige Klößchen vorher herausheben und sie dann vor dem Servieren mit den Bananen- und Kiwischeiben auf die Suppe setzen.

76 Quarkspeise Florida

2 Scheiben Ananas
2 bis 3 Mandarinen
oder 1 kleine Dose Mandarinorangen
(Einwaage 172 g)
250 g 20prozentiger Quark
1 Becher Joghurt
2 Eigelb
50 bis 60 g Zucker
1 bis 2 EL Weinbrand

Die Ananasscheiben und die vorbereiteten Mandarinen in kleine Stücke schneiden. Den Quark mit Joghurt, Eigelben und Zucker schaumig rühren. Die Hälfte der Fruchtstücke daruntermischen. Das Dessert mit Weinbrand abschmecken.

Den Quarkschaum in Glasschälchen oder Stielgläser verteilen. Die restlichen Fruchtstücke darauf anrichten.

77 Creme Bella

2 Eier
1/2 l Milch
2 EL Mondamin
2 EL Zucker
1 Schote Vanille
2 EL gemahlene Haselnüsse
2 Tassen gesüßtes Apfelmus
4 EL Johannisbeergelee
1 EL Weinbrand
4 bis 6 Makronen

Die Eier trennen. 2 EL Milch mit Eigelben, Mondamin® und Zucker anrühren. Die restliche Milch mit dem ausgeschabten Vanillemark zum Kochen bringen, mit der zuerst angerührten Masse binden und etwas abkühlen lassen. Die Eiweiße steif schlagen und darunterziehen. Die Haselnüsse unter das Apfelmus mischen. Das Johannisbeergelee mit Weinbrand verfeinern.

Hohe Gläser im Wechsel mit Vanillecreme, Apfelmus und Johannisbeergelee füllen. Mit der Creme abschließen. Vor dem Servieren mit zerbröckelten Makronen und Geleetupfen verzieren.

78 Crêpes Orféo negro

für den Teig:
150 g Mehl
50 g Zucker
2 Päckchen Vanillezucker
1 Prise Salz
5 Eier
3/8 l Milch
1 1/2 TL Weinbrand
60 g Butter zum Backen

für die Kaffeebutter:
60 g Butter
6 EL Zucker
2 TL Butter
1 1/2 Tassen starker schwarzer Kaffee
1 Schnapsglas Orangenlikör

zum Flambieren:
2 Schnapsgläser Whisky

zum Anrichten:
12 Kugeln Mokka- oder Schokoladeneis
1/8 l Schlagsahne
6 EL Mandelsplitter aus dem Beutel

Für die Crêpes – es sind kleine, dünne Eierkuchen – Mehl, Zucker, Vanillezucker, Salz und Eier in eine Schüssel geben. Mit dem Schneebesen unter Zugabe der Milch einen geschmeidigen Teig rühren. Diesen mit Weinbrand verfeinern. 10 Minuten zum Quellen beiseite stellen.

Für die Crêpes jeweils 5 g Butter in einer Pfanne erhitzen und nach und nach 12 dünne, kleinere Crêpes auf jeder Seite etwa 1 Minute backen. Die Crêpes erkalten lassen und mit Folie verpackt, damit sie bis zum Verbrauch nicht austrocknen, beiseite stellen.

In einer Flambierpfanne (aus Kupfer) Butter und Zucker erhitzen und karamelisieren. Ab und zu umrühren. Wenn der Zucker eine hellbraune Farbe erreicht hat, noch 2 TL Butter unterrühren und den schwarzen Kaffee dazugießen. Etwa 3 bis 4 Minuten leicht köcheln lassen. Orangenlikör hinzufügen und etwa 2 Minuten erhitzen. Die Crêpes nacheinander darin erhitzen. Whisky darübergießen, anzünden und ausbrennen lassen.

Nun sehr schnell auf jeden Teller 2 Eiskugeln geben und sofort rechts und links davon die Crêpes, als Viertel zusammengeschlagen, anrichten, dann etwa 2 Eßlöffel Sauce darüber verteilen. Die Mitte noch mit 1 Eßlöffel Schlagsahne garnieren. Zuletzt die Mandelsplitter darüberstreuen. Sofort servieren.

79 Bayerische Creme mit Brombeeren

250 g Brombeeren
70 g Zucker
2 EL Weinbrand
6 Blatt weiße Gelatine
1/4 l Milch
3 Eier
1 TL Vanillezucker mit Bourbon-Vanille
schwach 1/4 l Schlagsahne
2 EL grobgeraspelte Schokolade, Schokoladenröllchen oder Schokoladenplättchen

Die Brombeeren vorbereiten, mit 2 bis 3 Eßlöffeln Zucker süßen und den Weinbrand darübergießen. Die Gelatine in kaltem Wasser einweichen.

Milch zum Kochen bringen. Die Eier trennen. Eigelbe, restlichen Zucker und Vanillezucker schaumig schlagen und die heiße Milch unter Rühren nach und nach dazugießen. Das Gefäß mit der Eiermilch in einen Topf mit heißem Wasser stellen und den Inhalt bei mittlerer Hitze im Wasserbad schlagen, bis er cremig ist. Die ausgedrückte Gelatine bei geringer Hitze auflösen und darunterschlagen, erkalten lassen, dabei ab und zu umrühren. Die Eiweiße und Schlagsahne steif schlagen. Sobald die Creme beginnt fest zu werden, zuerst den Eischnee, dann drei Viertel der geschlagenen Sahne und die Brombeeren darunterziehen.

Die Creme in eine Schale oder in Gläser füllen, kalt stellen und erst vor dem Servieren mit der restlichen Schlagsahne und geraspelter Schokolade, Schokoladenröllchen oder Schokoladenplättchen garnieren.

80 Weincreme mit Vanilleeis

4 Eigelb
12 EL Weißwein
Saft von 1 Orange oder 2 Zitronen
2 EL Zucker
1/2 Haushaltpackung Zitronen- oder Vanilleeis
4 bis 8 EL Rumtopffrüchte
Schokoladenplättchen

Die Eigelbe mit dem Weißwein in eine Schüssel geben. Den Orangen- oder Zitronensaft und den Zucker darunterrühren. Die Creme im Wasserbad (über Dampf) mit dem Handrührgerät schaumig schlagen.

Das Eis in vier Teile schneiden und mit den Rumtopffrüchten in Gläser verteilen. Die Weinschaumcreme darübergeben und mit Schokoladenplättchen garnieren.

Variante: Rumtopffrüchte weglassen, dafür kleingeschnittenes oder püriertes frisches Obst verwenden.

81 Eiertee

5 bis 6 TL schwarzer Tee
1/2 l kochendheißes Wasser
2 Eigelb
6 bis 8 TL Zucker
4 Glas (je 2 cl) Rum, Weinbrand oder Whisky

Die Teeblätter in eine Kanne geben, das kochendheiße Wasser langsam darübergießen und den Tee 3 Minuten ziehen lassen.

Die Eigelbe mit Zucker schaumig rühren, bis beim Kosten kein Zucker mehr zu spüren ist. Den Rum, Weinbrand oder Whisky dazugießen, umrühren und diesen Teil in vier Teegläser verteilen, dann mit dem heißen Tee aufgießen, vorher jedoch einen Teelöffel in jedes Glas stellen.

Wer Eiertee stärker liebt, nimmt etwas mehr Alkohol.

82 Eierlikör, selbstgemacht

7 Eigelb
80 g Zucker
Mark von einer halben Schote Vanille
1/2 l Weinbrand oder reiner Alkohol, auf 40 bis 50 % verdünnt

Eigelbe und Zucker mit dem elektrischen Handrührgerät so lange rühren, bis beim Probieren kein Zucker mehr zu spüren ist. Vanillemark und nach und nach den Weinbrand oder den reinen, verdünnten Alkohol daruntermischen. In kleinere Flaschen abfüllen, gut verschließen und kühl aufbewahren, sofern man das fertigbringt.

Variante: Etwas Kirsch- oder einen anderen roten Likör in Likörglas füllen und in die Mitte einen Teelöffel Eierlikör geben. Nicht umrühren. Wohl bekomm's!

Register

Die Zahlen beziehen sich auf die Rezeptnummern